Aprendiendo a vivir

Aprendiendo a vivir

Jorge Pascual Sesé

Círculo Rojo
EDITORIAL

Primera edición: Diciembre 2023

Depósito legal: AL 3132-2023

ISBN: 978-84-1199-784-3

Impresión y encuadernación: Editorial Círculo Rojo

© Del texto: Jorge Pascual Sesé
© Maquetación y diseño: Equipo de Editorial Círculo Rojo
Editorial Círculo Rojo

www.editorialcirculorojo.com
info@editorialcirculorojo.com

Impreso en España — Printed in Spain

Para Julia Alejandra. Con cada palabra de este libro, te doy la bienvenida a este mundo lleno de maravillas y sueños. En agradecimiento al amor con el que has colmado mi alma, una inmejorable brújula para no desviarme en mi viaje por la eternidad. Con cariño y esperanza,

Papá

Índice

Introducción

En este extraño viaje, en el que ya he dado cuarenta y una vueltas al Sol (como mínimo), y en el que he podido ser plenamente consciente del trayecto en varios instantes de lucidez, he observado cosas muy interesantes que deseo compartir contigo.

Una de ellas, probablemente de las más transcendentales, es que si deseas vivir una vida más plena y satisfactoria, debes esforzarte continuamente por mejorar en determinadas virtudes.

Y esto, ¿cómo puede hacerse? Pues conforme avanzo por el camino de la vida, voy comprobando que cuando me esfuerzo en cultivar ciertos pensamientos en mi mente, como si de una maceta de tierra fértil se tratase, que me permitan cosechar al tiempo determinadas virtudes, voy consiguiendo que estas se integren poco a poco en mi personalidad y que se vayan afianzando en mi forma de ser.

Y digo «compruebo», porque ya lo había leído hace tiempo en un precioso proverbio que reza así:

Siembra un pensamiento, cosecha una acción;
siembra una acción, cosecha un hábito.
Siembra un hábito, cosecha un carácter;
siembra un carácter, cosecha un destino.

Esta sutil forma de ir desarrollando habilidades te ayudará en el futuro, sobre todo, cuando debas afrontar adecuadamente los desafíos y sinsabores que te vas a ir encontrando, lo quieras o no, al recorrer el camino de la vida.

Y en este sentido, quiero compartir contigo, a lo largo de este libro, las veinte virtudes que considero fundamentales cultivar, para que camines siempre en dirección a una vida más plena:

1.- **Aceptación:** aprende a aceptar lo que no puedes cambiar y a enfocarte en lo que sí puedes controlar.

2.- **Equilibrio:** busca un equilibrio en tu vida entre las cuatro áreas cardinales, amor, trabajo, cultura y espiritualidad.

3.- **Gratitud:** aprende a ser una persona agradecida por las cosas buenas que tienes en la vida y a encontrar la belleza en las pequeñas cosas. No te pierdas las pequeñas alegrías de la vida por anhelar y perseguir una utópica gran felicidad.

4.- **Resiliencia:** desarrolla la capacidad de recuperarte de las adversidades, de aprender de ellas y de adaptarte a las situaciones siempre cambiantes.

5.- **Paciencia:** aprende a tener paciencia en los momentos difíciles y a entender que el tiempo y la perseverancia son claves para superar los obstáculos.

6.- **Autoconocimiento:** esfuérzate por conocerte y reconocerte (volver a conocerte). Aprovecha tus fortalezas y acepta tus debilidades, para poder tomar las decisiones más adecuadas, que te permitan encontrar tu camino en la vida.

7.- Perdón: aprende a perdonar a los demás y a perdonarte a ti. A liberarte del rencor, la culpa y la amargura, que pueden llegar a limitar tu vida y tu crecimiento personal.

8.- Humildad: reconoce tus limitaciones y aprende de los demás, sin arrogancia.

9.- Empatía: cultiva la empatía hacia los demás, tratando de entender su perspectiva y sus necesidades.

10.- Amor: ama a los demás y ámate a ti. Trabaja para crear relaciones saludables y significativas. Esfuérzate por tener siempre la voluntad de comprender la singularidad de cada persona amada.

11.- Esperanza: mantén la esperanza en el futuro y trabaja para construir un mundo mejor.

12.- Moderación: aprende a encontrar un equilibrio en tu vida, evitando los excesos que pueden llegar a perjudicarte.

13.- Honestidad: procura ser una persona honesta contigo y con los demás. Cultiva relaciones basadas en la confianza y la transparencia.

14.- Autoestima: desarrolla una autoestima saludable, valorando tus cualidades y logros sin caer en el narcisismo ni la vanidad.

15.- Generosidad: sé una persona generosa con los demás, ofreciendo tu tiempo, energía y recursos para ayudar a quienes más lo necesiten.

16.- Tolerancia: aprende a tolerar las diferencias de las demás personas y a valorar la diversidad como una fuente de enriquecimiento.

17.- Responsabilidad: asume la responsabilidad por tus acciones y decisiones, y trabaja para ser una persona cumplidora.

18.- Sabiduría: busca la sabiduría en las enseñanzas de la historia, la ciencia, la filosofía y en tu propia experiencia personal, y úsala para orientar tus decisiones y acciones.

19.- Integridad: vive de acuerdo con tus principios y valores, y trabaja para ser una persona íntegra y coherente.

20.- Espiritualidad: cultiva siempre la dimensión espiritual en tu vida, esfuérzate por buscar las conexiones más profundas con el Universo.

A continuación, a través de veinte breves relatos de vida, voy a tratar de desenvolver el regalo que esconde cada una de estas virtudes. El objetivo no es otro que animarte a que ansíes sembrarlas en tu mente, para poder cosecharlas algún día en tu personalidad. Que resuenen en ti y desees ir integrándolas poco a poco en tu forma de ser. He de advertirte que el dominio absoluto de cualquiera de ellas es imposible de alcanzar, y justo allí está lo más bello del viaje, en que cada día siempre te queda margen de mejora, aprendizaje y crecimiento para el día siguiente.

El presente libro, en el que te invito a recorrer tu extraño viaje con la permanente actitud de caminar siempre *APRENDIENDO A VIVIR*, lo finalizo con un último y definitivo capítulo, ya que parece evidente que «**aprender a VIVIR requiere saber MORIR**».

CAPÍTULO 1. ACEPTACIÓN

Ana era una madre muy joven que llevaba toda su vida adulta trabajando en una disruptiva empresa de Huesca, ubicada en Walqa. Era una mujer muy trabajadora, altamente competente y, además, estaba muy comprometida con la compañía.

Siempre se había sentido afortunada por trabajar en la empresa en la que estaba. Había presenciado su lanzamiento y la había visto nacer y crecer, hasta llegar a ser una firma reconocida. Disfrutaba de su trabajo, del estilo de su empresa y del ambiente de confianza y cooperación que tenía con el resto de los compañeros de su oficina, con quienes, con el paso de los años, había alcanzado una amistad genuina. El ambiente en la oficina era excepcional. Y todos intentaban mantener siempre ese buen ambiente de trabajo con el que conseguían encontrarse cómodos y animados. Para ello, combatían el exigente trabajo, con divertidas actividades *after work*, en las que salían a correr por el parque, a montar en bici por las sendas que rodean la ciudad o, simplemente, a tomar unas cañas. Además de esas actividades, siempre se juntaban en las míticas cenas y comidas de empresa, que organizaban con ilusión, tanto en verano como en Navidad, y en las que siempre disfrutaban como niños.

La empresa tenía un espíritu joven, inclusivo y colaborativo, lo que además de impulsar la buena relación entre el personal, fomentaba que todos se apoyasen mutuamente en los proyectos y desafíos que surgían.

Ana recordaba especialmente las comidas y las cenas de empresa, ya que siempre eran especiales y tremendamente divertidas. En Navidad era habitual hacer un sorteo de regalos sorpresa, todos se intercambiaban regalos e intentaban adivinar quién había sido su «amigo invisible». En la última de ellas, Ana había recibido una desternillante taza personalizada que siempre que miraba lograba sacarle una sonrisa. También recordaba con morriña la vez que decidieron hacer un entretenido viaje al parque de atracciones de Port Aventura o la vez que decidieron organizar la comida de verano en la linda piscina que una compañera tenía en su finca familiar.

Todas esas vivencias se transformaron de golpe, cobrando un sentido mucho más hondo, cuando, un día de improviso, todo cambió. La noticia de que la empresa se iba a integrar en un grupo empresarial cayó como un jarro de agua fría en el equipo. Las dudas y los miedos se agolpaban sin parar en la mente de Ana. Por un lado, no quería aceptar que si la nueva propiedad traía cambios sustanciales en el alma de la compañía, seguramente debería decir adiós a su puesto de trabajo, al menos, tal y como lo conocía, y, seguramente, también a varios de sus compañeros de batalla. Pero, por otro lado, sentía que era una realidad a la que iba a tener que enfrentarse tarde o temprano.

Los meses siguientes fueron muy difíciles para todo el personal. Ana trató de aferrarse a la esperanza de que la empresa, tal y como la habían construido entre todos, pudiera sobrevivir de alguna manera, pero pronto se dio cuenta de que el final era inevitable. Se sintió triste y perdida, sin saber qué iba a ser de su futuro.

Fue entonces cuando su amiga Elena le habló de la aceptación. Le recordó que había cosas que estaban fuera de su control, como el nuevo devenir de la empresa, y que tenía que aprender a aceptarlas. Pero que, por otro lado, también había cosas que sí podía controlar, como su actitud y enfoque hacia el futuro. Le aconsejó que se tomara un tiempo para procesar sus emociones, pero que después de ese tiempo, tendría que comenzar a buscar un nuevo destino en el que reinventarse y poder volver a ser ella misma.

Al principio, Ana se resistió a la idea de aceptar la situación y trató de seguir adelante, pero, poco a poco, se fue convenciendo de que lo mejor iba a ser un cambio de aires.

Temerosa por todos los cambios que presagiaba, seguía pensando en los consejos de Elena. Y cuanto más tiempo pasaba, más claro veía que necesitaba aceptar lo que había sucedido, para poder centrarse en lo que dependiese de ella.

Al fin se dio el permiso de sentir el dolor y la tristeza que le generaba la pérdida de su anterior puesto de trabajo y todo lo que este tenía asociado, y eso le permitió poder comenzar a centrarse en sí misma y enfocarse en buscar con ilusión nuevas aventuras profesionales.

Fue entonces cuando descubrió que, en realidad, estaba aprendiendo una lección muy valiosa. La vida le estaba enseñando la importancia de la aceptación y la adaptabilidad. Comenzó a mirar su situación desde una perspectiva muy diferente. Fue aceptando que su trabajo anterior había sido algo bonito y temporal, que como todo en esta vida era impermanente y que ahora se le presentaba la ocasión de poder atreverse a explorar nuevas oportunidades.

Y así fue como se decidió para hacer una lista de sus fortalezas y debilidades, de sus intereses y habilidades, para enfocarse de una vez por todas en lo que ella podía controlar: su propio desarrollo, profesional y personal.

Empezó a asistir a diversos eventos empresariales en los que fue ampliando su red de contactos y, con ello, sus oportunidades profesionales. Se inició en la meditación y en la práctica del yoga, con lo que conseguía mantener su mente y su cuerpo en equilibrio. Comenzó a leer libros sobre crecimiento personal y se fue dando cuenta, poco a poco, de que la aceptación y el cambio eran dos caras de la misma moneda.

Finalmente, después de armarse de valor y de reunir fuerzas de flaqueza empezó a postularse a diferentes vacantes, y a realizar diversas entrevistas de trabajo. Muy pronto consiguió un nuevo trabajo en una reputada empresa ubicada en Huesca.

Había aprendido la lección. Aunque no siempre podía controlar lo que sucedía a su alrededor, sí que podía intentar controlar su actitud para aspirar a responder de la mejor forma frente a cada situación, por difícil que fuese. La aceptación era la clave para poder seguir adelante y buscar el camino hacia un futuro mejor.

En su nuevo empleo, aunque al principio estaba aterrada y nerviosa por tener que empezar de nuevo, por enfrentarse al vértigo de lo desconocido, pronto se fue dando cuenta de que, gracias a su trabajo anterior, estaba muy bien preparada y capacitada.

En muy pocos meses empezó a sentirse valorada y apreciada por sus habilidades y su experiencia, así como por su forma de ser, lo que le fue generando un enorme bienestar. Fue encontrándose cada vez más cómoda y pudo ir apreciando que el ambiente laboral, con sus diferencias y particularidades, también era acogedor, lo que la fue ayudando a sentirse cada vez más segura de sí misma.

A medida que se acostumbraba a su nuevo trabajo, Ana se fue dando cuenta de que los cambios que había incorporado en su personalidad estaban dando sus frutos. Había aprendido a ser más flexible, a aceptar las situaciones que no podía controlar y a enfocarse en las cosas que sí podía tratar de cambiar.

Con el tiempo, Ana se había convertido en una persona más resiliente, segura y feliz. La experiencia de perder su trabajo fue difícil y dolorosa, pero la había llevado por una senda de crecimiento y aprendizaje personal que, difícilmente, hubiera experimentado de otra manera.

> **Moraleja:** Aceptar lo que no puedes cambiar y enfocarte en lo que puedes controlar es fundamental para superar situaciones difíciles. Saber enfocarte en las opciones más positivas para buscar mejores oportunidades puede ayudarte a salir adelante y a encontrar la felicidad.

«La única causa de sufrimiento
es la incapacidad de ACEPTAR
lo que sucede».

GERARDO SCHMEDLING

CAPÍTULO 2. EQUILIBRIO

Pilar era una mujer a la que le encantaban las actividades al aire libre y estar con sus amigos. No había fin de semana en el que no estuviera planeando alguna actividad emocionante con amigos.

Tan pronto se iba a esquiar a Cerler, como organizaba una increíble caminata hasta la Cola de Caballo en Ordesa. Le encantaba trepar por los imponentes Mallos de Riglos en primavera, tanto, como disfrutar por los Cañones de Guara. Patinaba como los ángeles sobre hielo en el Palacio de Jaca y montaba en bicicleta a toda velocidad por las impresionantes sendas de la Zona Zero del Biello Sobrarbe. Siempre que se reunía con sus amigos, compartían anécdotas divertidas y risas inolvidables, tanto en las apasionantes actividades como en los bares de marcha en los que se lo pasaban en grande.

Pilar trabajaba como *freelance* en el mundo del diseño gráfico y era tremendamente feliz en su trabajo, porque, entre otras muchas cosas, consideraba que le permitía poder dedicar mucho tiempo para lo que más le gustaba, que era estar con sus amigos para divertirse en sus alocadas aventuras.

Con el paso del tiempo, se fue dando cuenta poco a poco de que, en realidad, su vida estaba desequilibrada. Sus pasiones la estaban empujando a descuidar a su familia, a acumular siempre compromisos profesionales atrasados y a no dedicar nada de espacio a la lectura ni a relaciones sentimentales de amor verdadero.

Y así fue como un buen día Pilar empezó a notar que llevar una vida así de desequilibrada le afectaba negativamente al ánimo. Cada vez eran más frecuentes los días en los que se sentía estresada y abrumada por la cantidad de trabajo acumulado, de tareas pendientes retrasadas. Y a ello sumaba que sus relaciones personales más profundas se resentían, ya que apenas podía dedicar tiempo de calidad a su familia, debido a sus desbordantes compromisos sociales.

Un día, después de un largo día de esquí en Formigal, tuvo una profunda charla con su amigo Pedro, quien le abrió los ojos sobre la importancia de esforzarse en buscar el equilibrio en la vida.

Ambos se encontraban en el bar con un grupo de amigos y, mientras disfrutaban de un batido de chocolate calentito, Pedro fue hablándole sobre cómo estaba trabajando para equilibrar su vida entre el trabajo, la pareja, la cultura y la vida espiritual. Pedro le explicó que llevaba un tiempo haciendo pequeños cambios para encontrar un poco más de armonía y que estaba viendo que poder dedicar algo de tiempo y atención a todas estas áreas estaba siendo esencial para sentirse cada día un poquito mejor.

Pilar, inicialmente, rechazó la idea, explicando que ella no estaba dispuesta a renunciar a sus amigos y a sus actividades, pero Pedro le insistió en que encontrar el equilibrio era posible, incluso, manteniendo parte de sus actividades favoritas. Le contó más detalles sobre su propia experiencia y sobre cómo había logrado crear un horario que le permitía hacer las actividades que más le apasionaban y, aun así, cumplir con sus responsabilidades.

Pilar escuchó atentamente y fue más tarde cuando comenzó a reflexionar sobre las recomendaciones que Pedro le había ido dando. Recordó cómo había pospuesto algunos trabajos importantes, descuidado las relaciones familiares y dejado de lado su propia evolución personal por dedicar tanto tiempo a las aventuras con las que tanto disfrutaba. Y, finalmente, se convenció a sí misma de que había llegado el momento de hacer algunos pequeños ajustes en su vida.

Su amigo le había hecho ver que, al descuidar otras áreas de su vida, se estaba perdiendo la oportunidad de experimentar nuevas cosas y de seguir creciendo como persona. Al principio, le costó un poco de trabajo incorporar estos cambios en su rutina diaria, pero, poco a poco, fue encontrando la manera de hacerlo sin que le supusiera tanto esfuerzo.

Decidió establecer horarios y límites claros para cada área de su vida, y de ese modo poder dedicar tiempo a cada una de ellas.

Así, empezó a dedicar unas horas fijas al día a su trabajo, se comprometió a pasar más tiempo con su familia, reservándose siempre la hora de la comida de los domingos para comer en comunión con ellos y, también, siguió reservando tiempo para disfrutar de sus aficiones en compañía de sus mejores amistades. Además, decidió que quería dedicar un espacio especial a la cultura, en beneficio de su crecimiento personal y su espiritualidad, por lo que comenzó a leer libros y asistir a conferencias que le permitían aprender y crecer.

Poco a poco, Pilar fue encontrando el equilibrio en su vida y empezó a notar que ya no se sentía tan abrumada por la cantidad de trabajo acumulado, y le alegraba ver que sus conexiones familiares iban mejorando significativamente. Se daba cuenta de que aprendía cosas nuevas y, en definitiva, de que estaba mucho más satisfecha con su vida en general. Entendió que el equilibrio en la vida era fundamental para poder disfrutar más y mejor de todo.

Descubrió que, al darle a cada aspecto de su vida la importancia que merecía, no solo se sentía más satisfecha y completa, sino que también rendía mejor en su trabajo y disfrutaba mucho más de los momentos de ocio con sus amigos. Además, empezó a disfrutar más de su familia y a sentirse más implicada en su crecimiento personal. Todo ello le permitió empezar a tener una especial conexión con Pedro, con quien comenzó una bonita relación de pareja.

Con el tiempo, encontró que era capaz de disfrutar de sus actividades favoritas y de cumplir con el resto de los compromisos sin sentirse abrumada ni estresada.

Finalmente, Pilar comprendió que encontrar el equilibrio en la vida era un proceso continuo y que requería un esfuerzo constante para mantenerlo. Pero estaba decidida a hacerlo funcionar y sabía que estaba en el camino correcto hacia una vida más equilibrada y satisfactoria.

Aprendió que el equilibrio no era algo que se encontrase de la noche a la mañana, sino que era una tarea constante de autoevaluación y adaptación. Y también descubrió que valía la pena el esfuerzo, ya que el equilibrio en la vida le estaba procurando una vida mucho más plena y feliz.

Moraleja: Buscar el equilibrio en la vida es clave para lograr una felicidad plena y duradera. Aunque puede parecerte tentador enfocarte solo en lo que más te guste y te apasione en cada momento del viaje, descuidar las otras parcelas importantes de tu vida puede llevarte al desequilibrio y a la insatisfacción. Dedícale tiempo y atención a tu profesión, familia, amigos, pareja y a tu crecimiento personal y espiritual. Es lo que te permitirá encontrar el equilibrio que necesitas para llegar a vivir con más plenitud.

«Tan divinamente organizado está
nuestro mundo, que cada uno
de nosotros, en nuestro lugar y
tiempo, estamos en EQUILIBRIO
con todo lo demás».

WOLFGANG VON GOETHE

CAPÍTULO 3. GRATITUD

Había una vez un joven llamado Federico que vivía en un tranquilo pueblo rodeado de exuberante naturaleza. Federico soñaba con tener una gran mansión, un coche carísimo y todas las comodidades y lujos que veía en la vida de los famosos. Pasaba sus días anhelando estas cosas y se sentía insatisfecho con las pocas posibilidades que tenía en su pueblo.

Un día, mientras caminaba por el bosque, Federico se encontró con un viejo sabio llamado Samuel. Samuel irradiaba una serenidad y sabiduría que capturaron la atención de Federico. Intrigado, decidió acercarse y entablar una conversación con él.

Samuel le preguntó a Federico qué lo preocupaba y por qué parecía estar siempre descontento. Federico, con tristeza en su voz, le contó sobre sus sueños de grandeza y sobre cómo se sentía tremendamente infeliz por no sentirse capaz de alcanzarlos.

El sabio Samuel sonrió con comprensión y le dijo:

—Federico, permíteme contarte una historia.

Se sentaron en un tronco caído y Samuel comenzó a narrar:

—Había una vez un hombre llamado Juan, que siempre soñaba con tener una gran fortuna. Pasaba la mayor parte de su tiempo deseando ser rico y famoso. Un día, mientras caminaba por la calle, encontró una moneda en el suelo. En lugar de sentir gratitud por aquel pequeño hallazgo, se enfocó en la idea de que era solo una moneda y que no era lo suficientemente valiosa para cambiar su vida. Unos metros más adelante, Juan encontró una hermosa flor silvestre. En lugar de apreciar su delicada fragancia, la desechó porque no era una rosa de jardín perfecta. Y así continuó su camino, pasando por alto las pequeñas alegrías que la vida le iba regalando.

Federico reflexionaba sobre la historia de Juan, mientras Samuel continuaba diciéndole:

—Federico, muchas veces nos perdemos las pequeñas alegrías y bendiciones de la vida, porque estamos demasiado enfocados en lo que no tenemos. La gratitud nos permite encontrar la belleza en las pequeñas cosas y nos conecta con la abundancia que ya existe a nuestro alrededor. La verdadera riqueza no se mide por la cantidad de posesiones materiales, sino por la capacidad de apreciar lo que tenemos. Cuando aprendemos a ser agradecidos por las cosas buenas que tenemos en la vida, experimentamos una profunda sensación de paz y felicidad. No necesitamos grandes mansiones, ni coches lujosos y caros para ser felices, sino el corazón abierto para valorar y disfrutar las pequeñas alegrías que nos regala el presente cada día.

Federico escuchó con atención las palabras de Samuel y algo cambió en su interior. A partir de ese día, comenzó a practicar la gratitud en su vida. Aprendió a apreciar el cálido abrazo del sol por las mañanas, el aroma del café recién hecho, la sonrisa de sus seres más amados y la belleza del cielo estrellado.

A medida que Federico se enfocaba en lo que tenía y en las pequeñas alegrías de la vida, su corazón se llenó de gratitud y felicidad. Ya no se sentía insatisfecho por lo que le faltaba, sino pleno y agradecido por todo lo que poseía. Descubrió que la gratitud le permitía encontrar la belleza y la alegría en las cosas más simples y cotidianas, y eso le brindaba una profunda y genuina alegría.

Con el tiempo, Federico compartió su nueva perspectiva con las personas más allegadas de su pueblo. Les hablaba sobre la importancia de apreciar lo que ya tenían y de encontrar felicidad en las pequeñas cosas. En las meriendas y cenas con sus amigos les invitaba a agradecer todo lo que tenían y les contaba con sinceridad los beneficios que él experimentaba de hacerlo.

Poco a poco, fue viendo como todo el pueblo se iba transformando. Gracias a él, las personas se daban cuenta de que la verdadera riqueza no estaba en lo material, sino en la capacidad de encontrar belleza y alegría en las experiencias cotidianas. Y gracias a eso empezaban a valorar los abrazos, las risas y los amaneceres y atardeceres que pintaban el cielo de maravillosos y vibrantes coloraciones.

La gratitud se convirtió en una práctica común en el pueblo. La gente se expresaba su aprecio honesto y sincero. Los niños escribían en clase cartas de agradecimiento a sus papás, los vecinos se ayudaban mutuamente y las amistades se fortalecían gracias al sincero reconocimiento mutuo.

El pueblo se llenó de una increíble energía positiva y una sensación de plenitud que nunca había experimentado ninguna otra civilización. La comunidad se unió en torno a la gratitud y eso generó un ambiente de colaboración, generosidad y armonía increíble.

Federico comprendió que la gratitud no solo le había traído beneficios personales, sino que también había impactado en el bienestar de toda su comunidad. Agradecer lo que ya tenía no solo le había permitido valorar mejor su vida, sino que también había fortalecido los lazos que le unían con el resto de los seres humanos.

Desde aquel día, Federico había vivido una vida más plena y feliz. Había conseguido disfrutar de las pequeñas alegrías que la vida le había ido ofreciendo, encontrando la belleza de cada momento. Y comprendió que la gratitud era una ventana abierta hacia la felicidad.

Y así fue como el pueblo de Federico logró convertirse en el vivo ejemplo de los beneficios de la gratitud.

Moraleja: La gratitud te abre los ojos a la belleza que te rodea, te conecta con la abundancia que hay presente en tu vida y te invita a valorar las pequeñas alegrías que te brinda cada amanecer. Aprende a ser una persona agradecida y descubrirás que la verdadera felicidad se encuentra en las cosas simples y en el aprecio sincero de lo que ya tienes.

«La GRATITUD convierte lo que tenemos en suficiente. Es la señal de las almas nobles».

ESOPO

CAPÍTULO 4. RESILIENCIA

Había una vez un joven llamado Juan, cuya vida había sido marcada por una serie de adversidades y desafíos que le habían resultado muy difíciles de superar. Desde muy temprana edad, había tenido que afrontar un terrible accidente de tráfico con su hermano pequeño, del que siempre se sintió responsable y, más adelante, la dolorosa partida de su amada abuela Inés. Entre tanto, había sobrellevado la pérdida de varios proyectos empresariales que le habían llegado al alma y, más recientemente, había superado la experiencia que más profundamente le había impactado, el doloroso y temprano fallecimiento de su padre debido a una incurable y vertiginosa COVID-19.

Estas experiencias habían ido dejando una profunda huella en el corazón de Juan y habían hecho que, a medida que había ido creciendo, se fuese dando cuenta de que la vida siempre le presentaba situaciones difíciles e inesperadas. Sin embargo, en lugar de dejarse arrastrar por el desánimo, Juan eligió aprender algo valioso para crecer a partir de esas duras vivencias. En lugar de crear una coraza con la que tratar de protegerse de los sinsabores de la vida, había decidido desnudarse y abrazar su vulnerabilidad.

Este brutal cambio de enfoque sucedió un buen día en el que caminaba por el parque de Los Olivos y se encontró con un anciano llamado Mateo. Mateo irradiaba una serenidad y una fuerza interior inquebrantable. Juan, intrigado, no dudó en acercarse y entablar una conversación con él.

Mateo, con una mirada comprensiva, le preguntó por qué parecía llevar siempre en su rostro una máscara de protección cuando lo veía caminar por el barrio. Juan le compartió con sinceridad todas las dificultades a las que se había ido enfrentado y cómo estas le habían dejado una marca profunda e imborrable en el alma. Haciendo hincapié en la dolorosa y reciente pérdida de su añorado padre.

El sabio Mateo sonrió gentilmente y le dijo:

—Juan, permíteme contarte una historia.

Y así fue cómo se sentaron juntos en un banco del parque y Mateo comenzó a relatar:

—Había una vez un joven llamado Martín, cuya vida estaba llena de adversidades. Desde pequeño, se había enfrentado a situaciones muy dolorosas y desafiantes. Había perdió a sus dos padres a temprana edad, había pasado por situaciones económicas muy difíciles y, además de eso, durante su vida adulta había enviudado y atravesado momentos de profunda tristeza y soledad. Sin embargo, Martín tenía un don especial: poseía una cualidad innata llamada resiliencia. Esta cualidad te da la increíble capacidad de recuperarte de las adversidades y adaptarte a las situaciones cambiantes. Y es que Martín, desde niño, al perder a su papá y a su mamá tan jovencito, había interiorizado que la vida estaba llena de pruebas y que el sufrimiento nunca era eterno. Juan, al igual que Martín, tú también tienes todo lo necesario para poder desarrollar tu resiliencia. Puedes aprender a afrontar las dificultades con valentía y encontrar en ellas aprendizajes y oportunidades de crecimiento y fortaleza. No es que las adversidades desaparezcan, sino que tú te puedes llegar a convertir en alguien capaz de superarlas.

Juan escuchó con atención las palabras de Mateo, sintiendo cómo una chispa de esperanza empezaba a crecer en su interior. Y Mateo continuó:

—Juan, la resiliencia se nutre de la aceptación de lo que no podemos cambiar y del enfoque en lo que sí podemos controlar. Si te aferras al pasado y a lo que has perdido, te mantendrás anclado en el sufrimiento. Pero si aprendes a soltar y a mirar hacia adelante con determinación, descubrirás la capacidad que tienes de adaptarte a las nuevas realidades y conseguir reconstruir tu vida. La resiliencia no es algo con lo que se nace, sino una habilidad que se desarrolla a través de la experiencia y el aprendizaje. A medida que te enfrentas a las adversidades con coraje, te vuelves más fuerte y capaz de adaptarte a las situaciones cambiantes de la vida —concluyó Mateo con convicción:

Juan reflexionó profundamente, y durante muchos meses, sobre las palabras del sabio Mateo. Comprendió que la resiliencia no era solo una respuesta automática ante las dificultades, sino una actitud consciente que requería esfuerzo y determinación, y decidió que era hora de desarrollar esa habilidad dentro de sí mismo.

Y así fue como Juan decidió embarcarse en un viaje de autoexploración y crecimiento. Buscó recursos para fortalecer su resiliencia emocional, se matriculó en la facultad de Psicología y empezó a asistir a sesiones especializadas sobre terapias en grupo. Pasaba horas leyendo maravillosos libros que lograban inspirarlo y conectarlo con personas que habían superado desafíos mayores.

A medida que avanzaba en su camino, Juan descubrió que la resiliencia no solo se trataba de recuperarse de las adversidades, sino también de adaptarse y aprender de ellas. Comenzó a encontrar valor en las lecciones que cada experiencia difícil le había ofrecido, reconociendo que, incluso, los momentos más oscuros de la vida escondían oportunidades para el aprendizaje y el crecimiento personal.

Con el tiempo, Juan transformó su perspectiva. Ya no veía las dificultades como obstáculos insuperables, sino como oportunidades para fortalecer su resiliencia. Aprendió a buscar soluciones creativas, a mantener una mentalidad positiva y a rodearse de un sólido sistema familiar de apoyo para los momentos más duros.

Es bien seguro que la vida continuaría presentando desafíos a Juan, pero ahora tenía las herramientas para enfrentarse a ellos con coraje y determinación. Sabía que siempre tendría que seguir aprendiendo a adaptarse a las situaciones cambiantes, a encontrar soluciones innovadoras y a mantener la esperanza ante cualquier situación.

A medida que Juan iba desarrollando su resiliencia, notaba que podía convertirse en una posible inspiración para aquellas personas más próximas a él. Y, por ello, comenzó a compartir su historia y sus aprendizajes, brindando apoyo y aliento a todas aquellas personas a las que amaba y que presentía que se iban enfrentando a las adversidades de la vida. Entendía que esta capacidad de recuperación emocional frente a las adversidades podía contagiarse.

Juan fue descubriendo que el desarrollo de la resiliencia no solo le permitía superar las adversidades, sino que también lo dotaba de un profundo sentido de empoderamiento personal. La clave estaba en aceptar su vulnerabilidad, abrazar los cambios, ser flexible en medio de la incertidumbre y confiar en su capacidad para superar cualquier obstáculo con valentía y absoluto desapego a todo.

Así, el relato de Juan nos muestra la importancia de desarrollar la resiliencia en la vida. Nos recuerda que, aunque las adversidades puedan ser tremendamente dolorosas y desafiantes, tenemos dentro de nosotros la capacidad para enfrentarnos a ellas con valentía, incluso, hasta poder llegar al punto de aprender algo valioso de ellas. La resiliencia nos permite adaptarnos, crecer y encontrar nuevas formas de ser mejores gracias a las dificultades.

Moraleja: La vida está llena de adversidades y desafíos, pero tu capacidad de desarrollar la resiliencia te puede permitir, no solo superar mejor esas dificultades, sino también crecer, aprender y encontrar tu fortaleza en medio de ellas. Aprender a adaptarte a cada nueva realidad, a encontrar soluciones creativas y a mantener una mentalidad positiva te ayudará a convertir las experiencias más dolorosas de tu vida en oportunidades de crecimiento. La resiliencia es un poderoso recurso interno que te puede permitir llegar a abrazar los cambios, encontrarle sentido a cada adversidad y descubrir tu propio potencial para superar cualquier obstáculo que se presente en tu camino.

«Si no está en tus manos cambiar una situación que te produce dolor, siempre podrás escoger la ACTITUD con la que afrontes ese sufrimiento».

VIKTOR FRANKL

CAPÍTULO 5. PACIENCIA

Había una vez un hombre enorme, que tenía un corazón que no le cabía en el pecho. Se llamaba Carlos, era médico pediatra, y a lo largo de su vida siempre había destacado por su temperamento impaciente, enérgico y por su prisa voraz por resolver con exacta perfección cualquier situación. Siempre buscaba soluciones rápidas, perfectas y eficientes, tanto en su trabajo como en su vida personal.

Un día, ya jubilado de la profesión que amaba, el destino le presentó un desafío absolutamente inesperado. Carlos se contagió de un coronavirus que no tenía cura específica y, por el cual, enfermó de la COVID-19. A medida que su salud empeoraba velozmente, como buen médico que era, iba siendo más consciente de la gravedad de la situación.

A los pocos días del contagio, tuvo que ser hospitalizado por un continuado y leve descenso de la saturación de oxígeno en sangre, que él mismo, aislado en su vivienda, fue controlando, sin preocupar más de lo debido a sus seres queridos.

Tras solo unas horas hospitalizado, como la enfermedad galopaba imparable, fue derivado a la Unidad de Cuidados Intensivos. Sin embargo, a pesar de las dificultades y la incertidumbre, Carlos sorprendió a todos con una actitud serena y una paciencia inquebrantable.

Mientras luchaba contra el avance del coronavirus en su organismo y soportaba como mejor podía todas las limitaciones que la enfermedad le generaba, Carlos recordó las palabras sabias que solía decir a las mamás de los niños que atendía con cariño en su consulta de pediatría: «Sé paciente y deja que el tiempo haga su trabajo». En ese momento, esas palabras cobraron un nuevo significado en su propia vida. Comprendió que no podía apresurar su recuperación y que solopodía armarse de paciencia y confiar en que su sistema inmunológico y los esfuerzos de todo el personal médico diesen resultados.

Los cambios eran lentos, pero la neumonía provocada por la COVID-19 avanzaba, y Carlos mantenía la paciencia a un nivel de consciencia cada vez más profundo. Observaba cómo su cuerpo no respondía a los tratamientos y, también, cómo su mente se mantenía en calma a pesar de las dificultades. Descubrió que la paciencia no era solo esperar pasivamente, sino también una actitud activa de aceptación y confianza en la vida.

A medida que la necesidad de sedarlo para entubarlo se aproximaba imparable, Carlos compartía su estado de ánimo con sus amigos más próximos y con sus colegas médicos mediante WhatsApp, sin alertar a su propia familia. En los mensajes, podía apreciarse entre líneas cómo estaba adquiriendo la sabiduría que le permitía mantener una tranquilidad asombrosa en los momentos más críticos de su vida y que eso le permitía actuar con total normalidad y aceptación.

Recordó que cada paso en la vida era incierto y que cualquier escenario era posible, pero que la serenidad era fundamental para que, sucediese lo que sucediese, todo estuviese controlado para que no afectase en exceso a la tranquilidad de los suyos. Tras ocuparse por WhatsApp de despedirse con renovadas esperanzas de su amada familia y de dejar todos los asuntos mundanos ordenados, fue sedado y entubado con absoluta entereza y pasmosa serenidad.

Desafortunadamente, a pesar de la aceptación valiente de la situación, Carlos no despertó de la sedación y perdió la vida en aquella Unidad de Cuidados Intensivos, aunque, afortunadamente, lo hizo en compañía de sus seres queridos.

Como no podía ser de otra manera, su partida fue tranquila y serena, sin sufrimiento ni desesperanza.

La paciencia que había ido cultivando, especialmente, durante las diferentes enfermedades, hospitalizaciones e intervenciones quirúrgicas a las que se había ido enfrentado durante toda su vida, en la que había tenido siempre una precaria salud de hierro, le permitió enfrentarse al proceso dele permitió enfrentarse al proceso de morir con una aceptación serena y con una espléndida paz interior, lo que también ayudó sobremanera a sus familiares y seres queridos en el proceso de duelo.

La historia de Carlos nos enseña que la paciencia no solo es útil en los momentos difíciles, sino que también enriquece todos los aspectos de nuestra vida y ayuda a nuestros seres más queridos. Nos recuerda que la impaciencia solo nos conduce a la frustración y a la ansiedad, mientras que la paciencia nos permite apreciar cada paso del camino, encontrar consuelo en la incertidumbre y poder confiar en el destino.

Así que aprendamos de Carlos y recordemos la importancia vital de la paciencia, incluso, en los momentos más difíciles, para lograr encontrar la belleza en la espera y la sabiduría en la aceptación.

Y, al igual que Carlos, permitamos que la paciencia se convierta en un faro de tranquilidad y fortaleza para avanzar en nuestro camino. Reconozcamos que la vida está llena de situaciones imprevistas y desafiantes, pero que una actitud paciente nos permitirá afrontarlas con más serenidad y mejor disposición.

La paciencia te enseña a valorar el proceso tanto como el resultado final. Te invita a disfrutar de cada paso del camino, a saborear cada pequeño logro y a encontrar gratitud en los momentos de análisis y reflexión. Te ayuda a comprender que no todo está bajo tu control y que hay situaciones en las que, simplemente, debes confiar en la vida y tener fe en que todo se resolverá siempre de la mejor manera posible, ya que siempre en la vida, **lo que sucede, conviene**.

Al cultivar la paciencia, desarrollas una mayor capacidad para lidiar con la incertidumbre. Aprendes a aceptar que las cosas no siempre saldrán como quieres o como esperas, pero que puedes encontrar de nuevo la paz interior al soltar tus expectativas y apegos, y confiar en que las cosas, al final, siempre se desarrollan como deben ser.

La paciencia te brinda la valiosa lección de que el tiempo no es tu enemigo, sino tu aliado. Te permite comprender que cada desafío tiene su propio ritmo y que, a veces, las soluciones no se presentan de inmediato, sino que requieren tiempo, reflexión y esfuerzo. Te enseña a no desistir ni rendirte ante las dificultades, sino a perseverar con una actitud tranquila.

En última instancia, la paciencia te ofrece una perspectiva más amplia de la vida. Te ayuda a apreciar la belleza del camino, a encontrar la serenidad en medio de las turbulencias y a reconocer que los momentos de espera también son oportunidades para la esperanza y para el crecimiento a través de la introspección.

Así que recuerda siempre la lección de Carlos y cultiva la paciencia en tu vida. Aprende a tener paciencia en los momentos más difíciles, a entender que el tiempo y la perseverancia son claves para superar los obstáculos con una mejor aceptación. Permite que la paciencia y la tranquilidad te acompañen en tus victorias, tanto como en tus derrotas, y en tus alegrías, en igual medida que en tus tristezas. Y, al hacerlo, descubrirás una mayor paz interior, una mayor sabiduría y una gratitud renovada por cada momento que la vida te regale.

Moraleja: La paciencia es un tesoro invaluable que te permite encontrar la calma y la sabiduría en medio de los desafíos de la vida. A través de la paciencia, aprenderás a apreciar el valor de cada paso del camino y a confiar en que cada experiencia tiene un propósito. Cultivar la paciencia te brindará la fortaleza necesaria para superar obstáculos, encontrar soluciones creativas y abrazar la belleza que tiene cada momento de la vida. Así que recuerda que la paciencia no solo te ayuda a atravesar tiempos difíciles, sino que también te invita a disfrutar plenamente de la magia que la vida te ofrece en los momentos más felices.

«Los males que no tienen fuerza para acabar con la vida, no la han de tener para acabar con la PACIENCIA».

MIGUEL DE CERVANTES

CAPÍTULO 6. AUTOCONOCIMIENTO

Había una vez una mujer llamada María, quien, desde jovencita, se había visto obligada a convivir con una dichosa enfermedad que le provocaba recurrentes ataques epilépticos. Estos episodios repentinos y debilitantes le causaron dificultades en su vida cotidiana, impidiéndole disfrutar plenamente de su infancia y limitando sus oportunidades de aprendizaje y desarrollo profesional en su adolescencia.

A pesar de todas las adversidades, y en parte gracias al apoyo de diferentes miembros de su familia, María se había convertido en una mujer valiente y decidida. Con la ayuda de su familia, y siguiendo las recomendaciones de los médicos, se había comprometido desde muy joven a controlar la enfermedad mediante la medicación oportuna y respetando unos hábitos de vida muy estrictos, con los que conseguía mejorar su calidad de vida de forma determinante.

Sin embargo, con el paso de los años se iba dando cuenta de que solo con tratar los síntomas de la enfermedad no era suficiente.

Intrigada por la idea de conocerse mejor, María decidió embarcarse en un fascinante viaje de autoconocimiento. Comenzó a investigar sobre las diferentes personalidades y a reflexionar sobre su propia historia de vida. Descubrió que muchas de las características, que marcaban su comportamiento frente a diferentes situaciones, estaban influenciadas por los traumas de su infancia y por las enseñanzas que había recibido de sus padres, maestros y otras figuras de autoridad que había tenido en la vida.

A medida que profundizaba en el proceso de autoexploración, María descubría nuevas facetas de su personalidad y comprendía mejor sus fortalezas y debilidades. Con el tiempo, se dio cuenta de que había desarrollado una gran empatía y paciencia a lo largo de los años, debido a sus propias luchas personales. También descubrió que tenía una habilidad natural para escuchar y dar apoyo a los demás.

Armada con este conocimiento, María decidió perseguir su sueño. Empezó a estudiar todo lo que no había podido estudiar de joven por su enfermedad y, compaginando la escuela de adultos con los trabajos que desempeñaba que no requerían estudios, tras largos años de perseverancia y esfuerzo titánico, terminó obteniendo una titulación con la que podía desarrollar una carrera profesional en el cuidado de las personas dependientes en instituciones sociales.

Su madurez y su capacidad para comprender las necesidades y emociones de los residentes, la convertían en una cuidadora excepcional. Su trabajo no solo lo limitaba a facilitar asistencia física, sino que, cuando procedía, también era capaz de ofrecer apoyo emocional y humano, apoyo enormemente valorado por las personas que verdaderamente lo necesitaban.

A lo largo de los años, María continuó aprendiendo y creciendo, tanto personal como profesionalmente. Fue testigo de cómo su autoconocimiento le permitía tomar decisiones más acertadas en su vida y encontrar un mayor sentido de propósito.

Cada día que pasaba se sentía más segura de sí misma y de sus habilidades, y todo ello, al final, le permitió conquistar una merecidísima jubilación.

El viaje de autoconocimiento de María no solo transformó su vida, sino que también impactó positivamente en la vida de aquellos a quienes cuidó. Su capacidad para comprender sus propias fortalezas y debilidades le permitió conectar con los demás de una manera intensa y poder ayudarlos a través de la escucha y la comprensión que necesitaban.

La historia de María nos enseña la importancia vital del autoconocimiento. Nos muestra que, al conocer nuestras propias características y motivaciones, debidas a las experiencias pasadas, podemos tomar decisiones más conscientes y alineadas con nuestros valores. El autoconocimiento nos permite reconocer (volver a conocer) nuestras fortalezas y poder trabajar acertadamente para mejorar nuestras debilidades, abriendo las puertas que conducen al crecimiento personal. A través del autoconocimiento, descubrimos nuestras pasiones más auténticas.

Después de su jubilación, María decidió continuar su viaje de autoconocimiento. Se sumergió en nuevas actividades, exploró diferentes pasatiempos y se rodeó de personas que compartían sus intereses. Aprendió a escuchar atentamente sus propias necesidades y deseos, permitiéndose disfrutar de momentos de tranquilidad y autorreflexión.

Con el tiempo, María pudo seguir disfrutando de su pasión por la música y la lectura. Estas pasiones se convirtieron en la mejor forma de comunicarse consigo misma y con el mundo, permitiéndole explorar aún más las profundidades de su alma.

A medida que María se adentraba en su mundo interior, también comenzaba a experimentar una mayor armonía en las relaciones interpersonales. Al conocerse mejor a sí misma, pudo comprender mejor las necesidades y perspectivas de los demás.

Su empatía y compasión se intensificaron, y su capacidad para construir relaciones significativas se fortaleció.

El autoconocimiento también le brindó a María una valiosa herramienta para manejar los desafíos que la vida le presentaba. Aunque seguía enfrentándose a obstáculos y momentos de dificultad muy importantes, su capacidad para reconocer sus propios recursos internos la ayudaban a poder afrontarlos con solvencia.

Con el tiempo, María se convirtió en una fuente de inspiración para sus allegados. Y así, el legado de María perduró en las vidas de aquellos a quienes tocó con su aprendizaje y experiencia personal. Su historia sirvió para recordarles a todos ellos la importancia que tiene dedicar tiempo y esfuerzo a conocerse a sí mismos, a explorar las profundidades de su ser y darse el permiso siempre para crecer y evolucionar.

Aprendamos de María y sigamos su ejemplo. Abracemos la oportunidad de conocer nuestras emociones, de explorar nuestras experiencias pasadas para saber cómo nos marcaron y poder descubrir quiénes somos en realidad y por qué. En este viaje de autoconocimiento, encontraremos la clave para tomar decisiones más auténticas, que nos permitan vivir una vida más plena y conectarnos más profundamente con nosotros mismos y con los demás.

Recuerda que el autoconocimiento es un regalo que te da la posibilidad de vivir una vida más auténtica y satisfactoria. Aprende a escucharte, a abrazar tus virtudes y a trabajar con determinación y tesón para mejorar tus puntos débiles. Y, a medida que profundices en tu ser, descubrirás un mundo entero de posibilidades y una conexión más profunda con la verdadera esencia de tu existencia.

Moraleja: El autoconocimiento es la llave que te abre las puertas hacia una vida más plena y auténtica. Al explorar tus emociones, reflexionar sobre tus experiencias pasadas y conocer tus fortalezas y debilidades te das la oportunidad de crecer y evolucionar. A través del autoconocimiento podrás tomar decisiones más alineadas con tus valores más auténticos, establecer relaciones más significativas y enfrentarte a los desafíos con mejor predisposición. No dejes de dedicar tiempo y esfuerzo a conocerte, pues en ese proceso encontrarás la sabiduría y la paz que te guiarán en el caminar hacia tu realización.

«Conócete a ti mismo y conocerás el universo y a los dioses».

Inscripción en el pronaos del templo de Apolo en Delfos

CAPÍTULO 7. PERDÓN

Había una vez un hombre llamado Luis, era un hábil mecánico que dedicaba su vida profesional a reparar camiones en un pequeño taller. Luis era amable y muy trabajador, siempre estaba dispuesto a ayudar a los demás con una enorme sonrisa que iluminaba todo su rostro.

Su pasión por los motores y su habilidad para solucionar cualquier tipo de problema mecánico, por complejo que fuese, lo habían convertido en todo un experto, muy reconocido en su oficio.

Un día recibió una llamada urgente para reparar un camión que se había averiado en medio de una carretera de Zaragoza. Luis acudió sin dudarlo, sabiendo que su experiencia y destreza podrían ser de gran ayuda. Al llegar al lugar, se encontró con un camionero angustiado, cuyo vehículo se había detenido abruptamente.

Sin perder tiempo, Luis comenzó a examinar el motor del camión en busca de la causa. Mientras trabajaba, el camionero, impaciente, trató de arrancar el motor, sin darse cuenta de que una marcha aún estaba puesta. El camión se movió bruscamente hacia adelante, con la mala suerte de que terminó atrapando a Luis, causándole importantes lesiones, terriblemente críticas, que pusieron en serio riesgo su supervivencia.

El accidente fue de una gravedad extrema y, tras meses de intervenciones y largas estancias en el hospital, logró sobrevivir a aquel siniestro, aunque las secuelas que le quedaron fueron significativas. Perdió parte de su movilidad y tuvo que adaptarse a una vida llena de limitaciones. Sin embargo, a pesar de todas las dificultades, y de los dolores físicos y emocionales que experimentaba, Luis consiguió sobreponerse, manteniendo una actitud sorprendente: nunca mostró rencor hacia el camionero que le había causado el terrible accidente.

En lugar de permitir que la amargura se apoderase de su vida, Luis decidió, casi sin pensarlo, perdonar de corazón al camionero de forma prácticamente inconsciente y liberarse así de cualquier resentimiento negativo. Bien sabía que el rencor y la ira solo le impedirían encontrar de nuevo la paz y la tranquilidad en su nueva vida. El perdón se convirtió en la mejor herramienta para poder sanar y seguir adelante en su nuevo camino.

A medida que los días pasaron, Luis se esforzó más y más por adaptarse a su nueva realidad, su actitud positiva y su capacidad de perdonar se volvieron aún más evidentes con el paso de los meses. Tras un duro proceso judicial, y a pesar de sus dificultades físicas, fue encontrando la alegría en las pequeñas cosas de la vida. Apreciaba el sol que se filtraba por la ventana de su habitación, el sonido de la lluvia en el tejado y el amor y apoyo de sus familiares y amigos.

Poco a poco, pasados los meses, consiguió reunir las fuerzas y el ánimo suficiente para ir reconstruyendo su nueva vida. Empezó por cuidar de un precioso pajarillo, que pronto se convirtió en su mejor confidente e, incluso, le llegó a enseñar a reproducir algunas palabras. ¡El periquillo hablaba! Se apuntó a un gimnasio, al que asistía todos los días con británica puntualidad. Y también recibió clases de pintura y dibujo, en las que descubrió una nueva pasión y por las que terminó haciendo obras de arte muy singulares. Con el tiempo, y muy poco a poco, con gran tesón, y no menos esfuerzo, consiguió ir retomando su afición por los trabajos manuales y continuó restaurando la soberbia casa familiar, ubicada en un precioso pueblecito del Pirineo, que le había regalado años antes su suegro, y se encontraba prácticamente derruida.

Luis iba descubriendo que saber perdonar, incluso saberse perdonar a sí mismo, beneficiaba a quienes lo rodeaban y, sobre todo, mejoraba muchísimo su propio bienestar. Al liberarse del peso del rencor, podía vivir en paz y aceptar su situación con total serenidad. En lugar de lamentarse todo el día por lo que había perdido, el perdón le permitía enfocarse en tratar de aprovechar al máximo todo lo que aún podía hacer.

Con el paso de los años, Luis se convirtió en un ejemplo de las benignidades del perdón. Su historia inspiró a toda la familia, al mostrarles que el perdón no era signo de debilidad, sino todo lo contrario, era el símbolo evidente de una enorme fuerza interior. Las personas que lo conocían admiraban su valentía y su capacidad de encontrar de nuevo la alegría, incluso, en esas circunstancias tan complicadas y difíciles.

El perdón le permitía a Luis disfrutar de una vida llena de amor y alegría. Junto a su mujer, disfrutaba de una preciosa unidad familiar, con sus tres nietos, que eran la fuente de sus mayores júbilos.

Su señorial casa en el pueblo, de la que podían disfrutar tras muchos años de esfuerzo y dedicación, era el epicentro de memorables vivencias en familia. Se llenaba cada verano de risas, juegos y recuerdos compartidos. Mientras, Luis seguía trabajando con pasión en la conservación de la vivienda, dotándola de un toque muy personal.

La ausencia de rencor y resentimiento que Luis había conseguido conquistar en su vida, le permitían valorar y disfrutar esos momentos tan bonitos en compañía de sus seres más queridos.

En ese enclave tan especial y despoblado, eran todos más ajenos al arrastre de las preocupaciones cotidianas y mundanas, y conseguían sumergirse en instantes mágicos. Daban paseos, integrándose en la excelsa naturaleza del Sobrarbe, contemplaban con longanimidad los bellos atardeceres y las maravillosas noches estrelladas, algunas veces, mientras permanecían tumbados en el yermo. En esos instantes, conseguían apreciar toda la belleza que contiene la vida y el Universo.

Ese hogar del Sobrarbe se convirtió en un refugio donde la prosperidad se multiplicaba. Los nietos correteaban y jugaban por el yermo, creando recuerdos que perdurarán en sus corazones para siempre. Se reían, compartían cuentos e historias y crecían divirtiéndose juntos. Y Luis les transmitía, sin ser muy consciente de ello, la importancia que tenía saber perdonar para poder apreciar lo que la vida quería ofrecerte.

A través del perdón, Luis cultivaba, sin saberlo, un profundo amor por sí mismo. Admitía que las imperfecciones y los errores formaban parte de su historia y de su experiencia, como de cualquier ser humano, y que el perdón era el camino hacia la liberación. No aferrarse al resentimiento ni a la negatividad le permitía poder abrazar la compasión con total tranquilidad.

Luis había conseguido transformar una casa, prácticamente abandonada, en un hogar familiar, símbolo de vida. Y cada vez que abría las puertas a sus seres queridos, estos recordaban que el presente, como su propio nombre indica, es el verdadero regalo de la vida y que el perdón y la ausencia de resentimiento son las claves para poder disfrutarlo plenamente.

La historia de Luis y de su maravillosa vivienda de pueblo, rehabilitada por él mismo y por su mujer, nos enseña que el perdón nos permite saborear de los momentos más dulces de la vida, que la aceptación nos lleva a vivir en plenitud y que cultivar el perdón nos regala la oportunidad de crear un refugio de felicidad en nuestro corazón.

> **Moraleja:** El perdón te libera de la carga del pasado y te permite disfrutar plenamente del presente de la vida. Aprende a perdonar a los demás y a perdonarte a ti, ya que te dará paz interior, te ayudará a cultivar relaciones sólidas y te permitirá construir un hogar lleno de amor y felicidad. El perdón es una herramienta poderosa que te permite superar las adversidades y encontrar la plenitud en cada momento. A través del perdón, puedes transformar las heridas en oportunidades de crecimiento y construir una vida llena de gratitud y alegría.

«PERDONAR es el valor de los VALIENTES. Solamente aquel que es bastante fuerte para PERDONAR, sabe AMAR».

MAHATMA GANDHI

CAPÍTULO 8. HUMILDAD

Érase una vez un hombre llamado Tomás, que se consideraba a sí mismo una persona tremendamente importante. Trabajaba en una gran empresa y tenía un puesto de Dirección en lo más alto del organigrama. Cada vez que hablaba con sus compañeros, siempre les interrumpía para contar sus propias experiencias, hacer valer su opinión por encima de la de los demás y mostrar todo lo que sabía. Estaba absolutamente convencido de que nadie era tan inteligente y perfecto como él.

Un buen día, Tomás estaba veraneando con su familia en Graus y decidió hacer una visita al pequeño pueblo de Panillo, en el que se encuentra un sorprendente templo budista, rodeado de la majestuosa belleza del Pirineo.

A pesar de estar rodeado de tanta divinidad, Tomás no podía dejar de pensar en su trabajo y en sus problemas cotidianos. Acababa de tener esa misma tarde una tensa reunión con el equipo directivo mediante videoconferencia y estaba especialmente tenso y perturbado.

Mientras caminaba sin prestar atención, se topó con un joven monje budista, que estaba sentado bajo un árbol, meditando y sonriendo con tranquilidad. Tomás se acercó al joven y le preguntó:

—Disculpa, ¿no consideras que podrías estar haciendo algo productivo en vez de estar sentado aquí sin hacer nada?

El joven monje sonrió y respondió:

—Mi trabajo es estar presente y en armonía con el momento presente. ¿No sientes la paz que te rodea?

Tomás, confundido y casi molesto, le espetó:

—¿Paz? ¿Qué quieres decir?

El joven monje le explicó pausadamente:

—La humildad es una virtud que se puede aprender de la naturaleza. Ella no se jacta de su belleza, simplemente, está ahí para ser admirada. La vanidad y el orgullo son enfermedades del alma que no te permiten disfrutar de la vida. La naturaleza es un ejemplo de cómo debemos vivir nuestras vidas, humildemente y agradecidos por lo que somos.

Tomás, aún de peor humor, volvió a su casa y estuvo pensando muchos días en las palabras del joven monje. Era incapaz de quitárselas de la cabeza. Pasadas varias semanas empezó a convencerse de que estaba viviendo la vida con un enorme exceso de vanidad y de orgullo que le cegaban. Decidió entonces que era hora de hacer cambios en su vida, comenzando por ser más humilde y agradecido por lo que tenía. Y a partir de ese momento, empezó a prestar más atención a su entorno, a escuchar a los demás y a valorar sus opiniones.

Con el tiempo, Tomás se dio cuenta de que esta actitud lo hacía más feliz y que le permitía sentirse más conectado con el mundo que lo rodeaba. Aprendió, poco a poco, a apreciar las cosas más simples de la vida y a reconocer toda la belleza que tienen esas pequeñas cosas que nos rodean cada día. Al igual que la naturaleza en la que habitaba, Tomás encontró la humildad y la paz en su propia vida, y se convirtió en una persona más feliz y agradecida.

Tomás comprendió que se había sentido conmovido por las palabras del joven monje budista, con quien había tenido la gran fortuna de coincidir en su visita a aquel extraño templo budista, ya que esas sabias palabras le habían hecho reflexionar obsesivamente sobre cómo estaba afrontando su vida, hasta que había ido descubriendo qué actitudes podía ir modificando para ir convirtiéndose cada día en una persona un poco más humilde y compasiva.

Tomás entendió que ese joven monje budista, sentado bajo un árbol, sin hacer aparentemente nada productivo, en realidad, realizaba un indispensable trabajo estando presente y en armonía con el momento presente. De hecho, gracias a ese trabajo que realizaba había sido capaz de cambiarle la vida al propio Tomás y, con ello, a todas las personas que le rodeaban y le irían rodeando en su vida.

Después de su encuentro con el monje, Tomás comenzó a prestar más atención a sus compañeros en el trabajo y a sus familiares y amigos, y a mostrar interés sincero y honesto por sus ideas y perspectivas. Y se fue dando cuenta de que había estado tan concentrado en sí mismo que había estado perdiendo de vista las necesidades y opiniones de los demás.

También comenzó a ser más agradecido por las cosas simples de la vida, como el resplandor del sol que asomaba tras un día de tormenta, las sonrisas de los niños, la brisa en el paseo marítimo o el canto de los pájaros. Antes, todas estas cosas le hubieran pasado totalmente desapercibidas y, por tanto, no hubieran existido para él, pero ahora las apreciaba y las podía disfrutar en plenitud.

Tomás observó con el tiempo que también había aprendido a ser más paciente y compasivo con los demás. Antes, cuando alguien cometía un error, era rápido en criticarlo y señalar públicamente su error. Ahora, en cambio, trataba de entender las circunstancias que lo rodeaban y procuraba ayudar a su compañero a encontrar las mejores soluciones para corregirlo primero y para que no se repitiera después.

Los cambios en la personalidad de Tomás no pasaron desapercibidos por sus compañeros, ya que comenzaron a notar su comportamiento más compasivo y su actitud más humilde, lo que les hizo sentirse mucho más cómodos al compartir sus pensamientos y opiniones con él.

Tomás también comenzó a sentirse más feliz y satisfecho consigo mismo. Había descubierto que, al ser más humilde y compasivo, se sentía más conectado con el mundo que lo rodeaba y del que ya empezaba a percibir que formaba una parte indisoluble. Todo ello le proporcionaba una sensación de paz, integridad y plenitud que nunca antes había conseguido experimentar.

Moraleja: Aprende a ser humilde, es una de las lecciones más importantes de esta vida. La vanidad y el egoísmo solo te alejan de las personas, de la naturaleza y de la vida. La humildad es una virtud que debes cultivar todos los días para poder disfrutar de la vida tal y como es, sin arrogancia ni pretensiones.

«No hay nada noble en ser superior a tu prójimo; la verdadera nobleza es ser superior a tu yo interior».

ERNEST HEMINGWAY

CAPÍTULO 9. EMPATÍA

En un pequeño y pintoresco pueblo, enclavado entre majestuosas montañas y serenos ríos, floreció una amistad profunda entre dos niñas inseparables: Marta y Andrea.

A simple vista, de niñas compartían personalidades muy parecidas, pero con el paso de los años sus perspectivas y formas de interactuar con el mundo se fueron diferenciando de forma muy notoria.

Y es que, desde la más tierna infancia, Marta había sido criada en un ambiente lleno de cariño y empatía. Sus padres, dos personas tremendamente generosas y compasivas, le inculcaron desde pequeña la importancia de entender las emociones ajenas, de saber ponerse en el pellejo de los demás y de saber esforzarse por comprender las perspectivas individuales de cada persona.

Esta crianza amorosa dotó a Marta de un don especial: la empatía. Si alguien se encontraba triste, ella sabía dar el consuelo adecuado. Si surgía la necesidad de comprensión, Marta sabía ofrecer un oído atento y un hombro solidario. Y así, su corazón se llenaba de alegría al sentir que su calidez marcaba una bonita diferencia para quienes estaban a su alrededor.

En el otro extremo del espectro, Andrea se había enfrentado a una niñez marcada por obstáculos emocionales. Sumida en las luchas internas de sus padres, anhelaba el amor y la atención que a menudo le faltaron. Esto le generó un sentimiento de soledad y de desamparo, que se fue agravando con el paso de los años, un enorme vacío que se reflejó desde la adolescencia en sus relaciones con los demás.

Las emociones ajenas le resultaban extrañas y las necesidades de los demás pasaban desapercibidas ante su incesante búsqueda de la satisfacción emocional, que era incapaz de alcanzar. Para Andrea, el mundo era un lugar egoísta y despiadado, y solo podía concentrarse en tratar de colmar sus propias necesidades.

Todo ello hizo que, con el tiempo, los caminos de Marta y Andrea se separasen. Marta se transformó en una joven admirable, dedicando su vida a ayudar a los demás. Estudió psicología y se convirtió en una prestigiosa psicóloga muy apreciada en toda la comunidad. Daba apoyo profesional a aquellos que necesitaban orientación. Su empatía innata le permitía ofrecer palabras de consuelo y consejos sabios con una calidez genuina. Marta irradiaba amor y compasión, lo que le permitía ganarse el respeto y admiración de todas las personas que se cruzaban en su camino.

Andrea, por otro lado, se enfrentó continuamente a complejos desafíos en su trayectoria profesional. Su carencia de empatía y comprensión la sumergían en innumerables dificultades personales, haciéndola habitar en un constante estado de aislamiento y necesidad emocional. La ausencia de conexiones significativas le hacía vivir desorientada y a la deriva.

Pero un buen día, un punto de inflexión se cruzó en el destino de Andrea. En un momento de vulnerabilidad total, uno de sus amigos más cercanos de la infancia, y actual pareja, Diego, sufrió la pérdida devastadora de su padre.

La tristeza inundó a Diego y sus ojos reflejaban absoluta desesperación y desconsuelo. Sin embargo, Andrea no lograba sintonizar con la profundidad de su dolor. Incapaz de ponerse en su lugar, solo consiguió ofrecer frases hechas y muy poco reconfortantes.

Andrea no consiguió ayudar a Diego y esta falta evidente de empatía generó un terrible distanciamiento entre ambos. En el momento más importante de su vida, Andrea no había sabido brindar el apoyo emocional que tanto requería su pareja. Y este incidente terminó por romper su vida, haciendo muy tangible el enorme coste que tenía su incapacidad para conectar a nivel emocional con las demás personas.

Mientras tanto, el camino de Marta continuaba en ascenso imparable. Y sus habilidades empáticas le permitieron reencontrarse con Andrea en una reunión de antiguos compañeros de escuela. La contraposición entre las dos amigas era innegable.

Andrea llevaba consigo un aura de soledad y desconfianza, mientras que Marta seguía irradiando la compasión y comprensión que la caracterizaban.

Por instantes, en esa reunión de antiguos alumnos de primaria, la conexión entre Marta y Andrea revivió, aunque de manera frágil. Marta, como respetada psicóloga, identificó la desconexión emocional de Andrea y su lucha interior, y también supo reconocer el potencial de transformación en su amiga, por lo que sin pensárselo decidió proporcionarle toda su ayuda. Juntas emprendieron un viaje de autodescubrimiento y crecimiento emocional.

Marta guio a Andrea a través de un proceso de introspección profunda. Con su experiencia como psicóloga, y gracias a ello,

Andrea comenzó a explorar sus propias emociones y a desentrañar cómo sus vivencias pasadas habían forjado su percepción del mundo. Poco a poco, cultivó la empatía que le faltaba, aprendiendo a ponerse en el lugar de los demás y a reconocer las necesidades emocionales de quienes la rodeaban.

La transformación de Andrea no fue instantánea, pero con el tiempo, su capacidad para conectarse auténticamente con los demás floreció. Se disculpó con Diego por su falta de apoyo sincero en ese momento de absoluta necesidad y, aunque la relación fue irreconciliable, la amistad sí pudo recobrar su antiguo esplendor y ambos hallaron la forma de sanar las heridas.

Moraleja: Debes saber que la empatía es una cualidad transformadora que te permite conectar con los demás de manera genuina y comprender sus experiencias, comportamientos, creencias y prejuicios. A través de la empatía, puedes superar barreras con otras personas y construir puentes de comprensión y apoyo. Cultivar la empatía no solo beneficia a los demás, sino también te beneficia a ti, ya que te brinda la oportunidad de crecer, aprender y expandir tu visión del mundo.

«Tengo miedo de herir el corazón de alguien. ¿Por qué? Porque sé cómo duele».

ANTOINE DE SAINT-EXUPÉRY

CAPÍTULO 10. AMOR

Había una vez una abuelita llamada Inés. Era una venerable anciana que rebosaba sabiduría y amor incondicional por todos los poros de su piel. Desde que nació su nieto Daniel supo que tenía un propósito especial en su vida: cuidarlo, guiarlo y empoderarlo para que fuese la mejor versión de sí mismo.

Pronto empezó a ser bastante evidente que Inés creía en Daniel mucho más de lo que él mismo creía en sí mismo. Desde muy pequeñito, se esforzaba por transmitirle un amor profundo y una fe inquebrantable en sus potencialidades. Le enseñaba a ser valiente, a perseguir sus sueños y a confiar en sus capacidades.

Cada día, Inés dedicaba su máxima atención y todo el tiempo que podía para escuchar a Daniel con la pasión que solo una abuela puede hacer. Esto le permitía comprender sus inquietudes y saber cómo alentarlo para que siguiera enfocado, persiguiendo los sueños que en cada momento le ocupaban la mente.

Con el paso del tiempo, Daniel se convirtió en un joven más seguro de sí mismo y lleno de pasión por la enseñanza. Y, gracias a ello, tuvo muy fácil tomar la decisión de convertirse en profesor, ansiaba poder influir positivamente en la vida de otras personas, tal y como su abuela había hecho en la suya. Gracias al amor y al empoderamiento que recibió de su abuelita, Daniel sentía que se había convertido en una persona consciente y comprometida con el bienestar de las personas que le rodeaban.

A medida que los años pasaron, Inés fue envejeciendo hasta que su salud comenzó a deteriorarse. Y en esos años de delicadeza y vulnerabilidad, Daniel no dudó ni un momento en devolverle todo el tiempo, el amor y procurarle los cuidados y atenciones que ella le había brindado desde pequeño. Se convirtió en su compañero más fiel, en su bastón incondicional. Juntos compartieron paseos por el parque y disfrutaron de divertidos cafés en familia, que acompañaban con películas que les arrancaban sonrisas y lágrimas.

Daniel comprendió que el amor que había recibido de su abuela no era solo un regalo para su infancia, sino un aprendizaje para toda la vida. Saber amar a los demás, y a uno mismo, y poder crear relaciones saludables y significativas, era lo que su abuela Inés le había enseñado en realidad. Además, a través del amor por su abuela, Daniel había ido encontrando la fuerza para enfrentarse a los sinsabores que la vida le había ido presentando.

Cuando llegó el triste momento en el que Inés tuvo que partir de este mundo, Daniel sintió un profundo dolor, pero también una gratitud infinita. Sabía que su abuela había dejado una huella imborrable en su corazón y en su alma. Y que la semilla del amor y el empoderamiento, que ella había sembrado en él, había florecido y lo acompañaría en cada paso del resto de su camino por la vida.

El tiempo pasó y Daniel se convirtió en un hombre admirable. Su pasión por la enseñanza y su compromiso con la prosperidad de sus alumnos lo llevaron a convertirse en un profesor respetado y tremendamente querido. Pero su éxito profesional no fue el único fruto de las enseñanzas de su abuela.

Gracias al amor y a los valores inculcados por su abuela, Daniel aprendió a ser un hombre íntegro y compasivo en todas las áreas de su vida. Su empatía hacia los demás se manifestaba en cada una de sus relaciones, tanto en su vida personal como en su labor como profesor. Sus alumnos no solo aprendían de las asignaturas que impartía, sino que también recibían al mismo tiempo sabias lecciones de respeto, comprensión y generosidad.

Cuando Daniel encontró al amor de su vida, una preciosa mujer llamada María, supo que quería construir una familia basada en los mismos principios que le había transmitido su abuela. Y juntos crearon un hogar lleno de amor, donde los valores de la empatía y el respeto fueron esenciales. Gracias a ellos criaron y educaron a sus dos hijos, inculcándoles la importancia de tratar a los demás con bondad y de saber valorar la diversidad.

La adorable e insustituible abuelita Inés fue una presencia constante en la vida de toda la familia. A pesar de que ya no estaba físicamente, su espíritu y sus enseñanzas perduraron en cada miembro de la familia. Daniel le contaba a sus hijos las historias de su infancia, de cómo su abuela lo había alentado a seguir sus sueños y a ser una persona compasiva.

Los hijos de Daniel crecieron rodeados de amor y aprendieron a valorar a los demás, del mismo modo que su bisabuela había valorado a su padre Daniel. La familia era un fiel reflejo de los principios que la abuelita Inés les había transmitido a través de su padre Daniel: el respeto, la empatía y la importancia de cuidar a los demás.

La influencia y la resonancia emocional de Inés en la vida de Daniel, de su familia, de sus amigos y de sus alumnos se hacía palpable en cada paso que daban. Las lecciones de amor y empatía que había recibido Daniel de su abuela se convirtieron en un legado que perduraría en todas las generaciones posteriores. La familia era un testimonio viviente de cómo el amor transforma la vida y crea un ambiente de felicidad y armonía.

Moraleja: El amor tiene el poder de trascender generaciones. Las vivencias y enseñanzas de una persona pueden influir positivamente en la vida de quienes le rodean, creando un efecto dominó de bondad y bienestar. Cultivar el amor, la empatía y los valores esenciales nos permite forjar relaciones familiares sólidas y construir un legado de compasión que perdura en el tiempo. Así que recordemos la importancia de amar y valorar a nuestros seres queridos, creando un ambiente de amor y comprensión en nuestras vidas y transmitiendo esos valores a las generaciones futuras.

«El alma que hablar puede con los ojos, también puede besar con la mirada».

GUSTAVO ADOLFO BÉCQUER

CAPÍTULO 11. ESPERANZA

En un tranquilo pueblo de Zaragoza vivía Sofía, una joven de espíritu travieso y mente inquieta. Desde temprana edad, Sofía tenía una tendencia extrema a preocuparse en exceso y a enfocarse únicamente en las posibilidades más negativas. Sus pensamientos la llenaban de ansiedad y de temores imaginarios, convirtiéndola en una persona pesimista, que veía siempre el vaso medio vacío en cada situación de la vida.

A medida que los años pasaron, la negatividad de Sofía comenzó a afectar mucho a su bienestar e, incluso, a sus relaciones más personales. A pesar de tener una familia muy amorosa, haber logrado un trabajo estable y disfrutar de un hogar acogedor, Sofía no encontraba la paz interior que tanto anhelaba. Siempre veía el posible lado oscuro de cada momento y anticipaba en su mente las peores posibilidades ante cada circunstancia.

Por fortuna, conforme se fue acercando a la edad de jubilación, Sofía comenzó a reflexionar profundamente sobre su vida. Mirando hacia atrás, se empezó a dar cuenta de que la gran mayoría de sus preocupaciones y temores que le habían ido atormentando no se habían materializado. Y que, en cambio, había logrado superar obstáculos, alcanzar metas y encontrar momentos de felicidad en muchas más ocasiones de las que había ido imaginando.

Gracias a esos pensamientos, Sofía advirtió el poder de la esperanza. Comprendió que la esperanza no era solo una ilusión o un mero deseo, sino una actitud que podía transformar la realidad. Entendió que la esperanza le podía permitir encontrar la luz en medio de la oscuridad, para llegar a creer en la posibilidad de un futuro mejor que le llevase a crearlo.

A partir de ese momento, Sofía decidió adoptar la esperanza como su guía. Se esforzó día a día por reemplazar los pensamientos negativos, que surgían sin querer, por afirmaciones positivas. Y se fue entrenando, sin saberlo, para encontrar la belleza en las pequeñas cosas de la vida y poder agradecerlas de corazón. Con todo ello, pronto comenzó a saber apreciar la bondad de las personas que la rodeaban, a poder agradecer los pequeños momentos de alegría y a aprender a confiar en la vida, aceptando que las cosas se resuelven siempre de la manera más conveniente.

Con el tiempo, la transformación de Sofía fue exageradamente evidente. Su actitud positiva y esperanzadora le abrió puertas y oportunidades, que antes hubieran sido inalcanzables. Sus relaciones mejoraron sustancialmente, ya que su esperanza contagiosa inspiraba al resto a creer en sí mismos e ir creando un futuro mejor.

Ya jubilada, Sofía se siguió encontrando con varios desafíos que pusieron a prueba su esperanza. Experimentó momentos de pérdida y dolor en su camino. Perdió a seres muy queridos, afrontó enfermedades graves y se encontró con obstáculos que parecían insuperables. Sin embargo, su esperanza interior le permitió mantener la fe en sí misma y en la posibilidad de superar cada adversidad.

En esos momentos difíciles, Sofía encontró consuelo en su red de apoyo: familiares, amigos y seres queridos, que la rodeaban con amor y comprensión. Supo pedir ayuda cuando la necesitaba y aceptar sin reparos su vulnerabilidad y el apoyo de los demás. Gracias a todo ello, Sofía descubrió que no estaba sola en su caminar y que las personas, si estaban unidas por el corazón, podían enfrentarse con mejores perspectivas ante cualquier desafío.

La esperanza también le brindó a Sofía la capacidad de perdonar y dejar ir resentimientos pasados. Se enfrentó a serios conflictos y desacuerdos, pero, en lugar de aferrarse a la negatividad, eligió liberarse de las cargas emocionales y abrir su corazón al perdón. Esto no solo le permitió sanar relaciones pasadas de su niñez, sino que también le dio la libertad de vivir en armonía consigo misma y con los demás en el presente.

La jubilación le permitía dedicar su tiempo y energía a ayudar a los demás. Se involucró en organizaciones benéficas y se convirtió en una figura inspiradora para muchas personas de su pueblecito de la provincia de Zaragoza, que buscaban desamparadas un rayito de esperanza. Su empatía y compasión se convirtieron en su legado, y su amor por los demás le brindó una satisfacción profunda y tremendamente significativa.

Sofía también disfrutó de su tiempo libre. La esperanza en la vida le permitió viajar a lugares hermosos con su marido, explorar nuevas culturas y le permitió disfrutar de los placeres más mundanos de esta vida terrenal. Apreció amaneceres, se maravilló con las pequeñas majestuosidades que esconde la naturaleza y se deleitó con las risas de los más pequeños con los que compartió su vida. En cada experiencia, Sofía supo encontrar la belleza y la esperanza, tan abundantes en el mundo.

La vida de Sofía fue una prueba viviente de los beneficios de la esperanza. A través de sus vivencias, aprendió que la esperanza nos impulsa a seguir adelante, a encontrar soluciones creativas y a descubrir nuestra fortaleza interior.

Y es que la esperanza nos enseña a confiar en el proceso de la vida, a aceptar los desafíos como oportunidades de crecimiento y a mantener viva la llama de la esperanza, incluso, en los momentos más oscuros.

Moraleja: La esperanza es un poderoso motor que impulsa nuestra vida hacia adelante. Nos enseña a creer en las posibilidades, a mantenernos firmes en nuestros sueños y a encontrar luz en los momentos de oscuridad. A través de la esperanza, podemos superar desafíos, encontrar soluciones creativas y descubrir nuestro propósito en la vida. Cultivar la esperanza nos permite disfrutar de una existencia más plena, llena de alegría, gratitud y optimismo. Con la esperanza como compañera podemos enfrentarnos a cualquier adversidad y construir un futuro lleno de posibilidades.

«Que tus elecciones reflejen más tus ESPERANZAS que tus miedos».

NELSON MANDELA

CAPÍTULO 12. MODERACIÓN

Había una vez dos amigos, Pedro y Luis, que eran muy diferentes en su forma de vivir. Pedro era conocido por ser una persona moderada y prudente, mientras que Luis era todo lo contrario: derrochador y sin ningún atisbo de preocupación por el mañana.

Pedro, desde muy joven, había aprendido el valor de la moderación. Ahorraba parte de su salario, llevaba una vida saludable y se esforzaba por mantener un equilibrio en todas las áreas de su vida. Nunca se dejaba llevar por los excesos, ya fuera en la comida, en la bebida, en el gasto o en cualquier tipo de decisión impulsiva. Siempre tenía en cuenta las consecuencias que podrían tener más adelante.

Luis, por otro lado, disfrutaba de la vida sin preocupaciones. Gastaba todo el dinero en placeres inmediatos, sin pensar en el mañana. Vivía el presente, sin considerar las consecuencias. Siempre estaba buscando nuevas emociones y experiencias, sin importarle las consecuencias, los posibles riesgos ni el posible límite de sus recursos.

A medida que pasaron los años, las diferencias entre Pedro y Luis se hicieron cada vez más evidentes. Pedro logró ahorrar lo suficiente para comprarse una modesta casa y asegurar un futuro estable para su familia. Disfrutaba de buena salud y tenía una gran red de amistades, basada en la confianza y el respeto.

En cambio, Luis se encontraba siempre en apuros financieros y también emocionales. Sus gastos desmedidos lo llevaron hasta la ruina económica y sus constantes excesos terminaron por pasarle factura a su estado salud y también a sus maltrechas relaciones personales. Tuvo que enfrentarse a momentos de crisis y desesperación, sin tener una red de apoyo sólida, debido a la vida que había llevado, llena de acciones irresponsables.

Pedro y Luis continuaron sus vidas, cada uno siguió su propio camino. Pedro, con su enfoque en la moderación, se enfrentaba a diferentes situaciones con serenidad y prudencia.

Ambos eran emprendedores, lo llevaban en la sangre. Pero mientras Pedro analizaba minuciosamente cada inversión, pensando en todos los posibles riesgos asociados a la misma, Luis, más interesado en perseguir pelotazos y emociones fuertes, actuaba impulsivamente. Esas diferencias notables hicieron que, a medida que sus negocios crecieron, Pedro fuese tomando decisiones basadas en una eficiente planificación estratégica, lo que le fue permitiendo superar obstáculos y alcanzar el éxito paso a paso, mientras que Luis, por otro lado, fue derrochando el dinero sin considerar las necesidades futuras del negocio, con lo que al final terminó encontrando dificultades financieras muy importantes.

Además de eso, cuando ambos tuvieron que ir afrontando diferentes problemas de salud, Pedro, como había cuidado de su salud y su bienestar a lo largo de los años al no haberse permitido cometer excesos, tenía una mejor condición física y mental, y esto le permitía recuperarse mejor de las dolencias. Sin embargo, Luis, en el lado opuesto, por haber llevado siempre una vida protagonizada por las exageraciones, se enfrentaba a problemas de salud más complicados de sobrellevar. Sus hábitos poco saludables le condujeron a sentirse siempre limitado por su estado de salud precario.

A medida que los años pasaron, Pedro seguía disfrutando de una vida tranquila y estable. Había acumulado suficiente dinero para, además de comprar su casa, poder disponer de un fondo de pensiones para posibles emergencias futuras. Lo que le daba la tranquilidad necesaria para disfrutar de los momentos de alegría y placer con su familia, siempre manteniendo la moderación y evitando caer en los excesos.

En contraste, Luis se enfrentaba a continuas dificultades económicas, debido a sus hábitos derrochadores. Su situación económica le generaba un importante y pernicioso estrés. Sus gastos impulsivos y desmesurados le habían impedido construir una base sólida y estable para su vejez.

Con el paso del tiempo, Pedro disfrutaba de una vida tranquila y feliz junto a su familia, mientras que Luis luchaba constantemente para intentar seguir saliendo adelante. Y así, un buen día, Pedro y Luis se encontraron, después de muchos años sin verse. Pedro, con su sabiduría y experiencia, comprendió la difícil situación de su amigo y decidió ayudarlo. Le ofreció apoyo emocional y le mostró los beneficios de la moderación.

Luis, habiendo aprendido de sus errores, decidió tomar el camino de la moderación. Aprendió a controlar los gastos, a cuidar de su salud y a establecer metas realistas y alcanzables para el futuro. De ese modo, poco a poco, empezó a experimentar una transformación en su vida, que le permitió superar las dificultades económicas, reconstruir sus relaciones y encontrar un mayor equilibrio, que le generaba más satisfacción en su día a día.

Con el paso del tiempo, Pedro y Luis se convirtieron en ejemplos de la importancia de la moderación. Pedro disfrutaba de una vida tranquila y estable, y Luis había encontrado la felicidad al aprender a equilibrar sus pasiones, deseos e impulsos con mucha más responsabilidad.

Moraleja: la moderación es una virtud que nos ayuda a evitar los excesos y a encontrar un equilibrio en nuestras vidas. Nos permite tomar decisiones conscientes y responsables, evitando las exageraciones que pueden ser perjudiciales en los diferentes aspectos de nuestra existencia. La moderación nos guía hacia una vida más saludable, sostenible y plena.

«Igual virtud es MODERARSE en el gozo que moderarse en el dolor».

SÉNECA

CAPÍTULO 13. HONESTIDAD

Había una vez un chico llamado David, que tenía la peculiar costumbre de exagerar sus vivencias y de, incluso, llegar a contar fantásticas historias ilusorias. Y es que sentía la necesidad de exagerar la realidad para hacerse ver más importante ante sus amigos del colegio.

Siempre estaba inventando historias emocionantes sobre sus aventuras imaginarias y sus logros exagerados pero creíbles. Sus amigos se maravillaban con sus relatos, admirando la vida emocionante que aparentaba llevar.

Durante la adolescencia, David experimentó una enorme desilusión debido a su falta de honestidad. Había empezado hacía unas semanas una relación con una persona que le gustaba mucho y, pese a ello, se inventó ante sus amigos que se había besado con otra chica en una loca noche de fiesta. Pensaba que sus amigos lo admirarían más por ello, pero, en vez de eso, los rumores se extendieron hasta llegar a los oídos de su pareja, lo que lógicamente implicó el final de la relación sentimental entre ambos.

Esa consecuencia inesperada de su concepción imaginaria hizo que David se enfrentase a días grises y solitarios, sin la compañía de aquellos que había considerado verdaderos amigos. Su vida se sumergió en una profunda tristeza y durante varias semanas se dedicó a reflexionar sobre sus acciones y a confrontar sus propias mentiras y exageraciones.

Fue en medio de ese proceso cuando se dio cuenta del profundo dolor que se había causado, y que había podido causar a los demás, con sus ensueños y sus exageraciones. Y comprendió con total clarividencia que la honestidad no solo era importante para mantener relaciones auténticas, sino también para construir una bonita imagen de sí mismo basada en la verdad y en el respeto.

En ese instante, decidió hacer un cambio radical en su vida. Aprovechando que debía empezar a estudiar en la facultad sus estudios universitarios y que allí nadie conocía su pasado, se propuso ser completamente honesto y dejar atrás de una vez por todas las exageraciones y fantasías.

A medida que fue creciendo y madurando mantuvo firme ese compromiso de ser absolutamente honesto e impecable en todas sus interacciones, lo que le fue permitiendo ir experimentando numerosas vivencias muy positivas en su vida adulta.

En su carrera profesional, David destacó por ser un profesional tremendamente confiable y, por ello, muy respetado. Su honestidad se reflejaba tanto en su trabajo, como en el trato que procuraba a todos sus colegas.

Fue reconocido por su integridad y su capacidad para afrontar retos titánicos con transparencia y sinceridad. Esto le abrió puertas y oportunidades de crecimiento en su vida laboral, lo que le permitió alcanzar importantes cotas de éxito empresarial y profesional.

Desde entonces, en sus relaciones personales, la honestidad también jugó un papel fundamental. David había aprendido a ser abierto y sincero con sus amistades, y también en sus relaciones amorosas. Y la confianza que generaba al ser tan transparente y auténtico le permitía crear vínculos duraderos y significativos. Sus amigos y sus seres queridos sabían que podían contar con él y confiar plenamente en sus palabras y en sus acciones.

Con el paso de los años, la honestidad tan escrupulosa le permitió alcanzar un enorme sentido de paz interior. Ya no tenía que cargar con el peso de las mentiras ni de las falsedades, lo que le permitía vivir una vida genuina y en total armonía con sus valores. Lo que pensaba siempre estaba alineado con lo que decía y con lo que hacía, y gracias a ello se sentía absolutamente liberado de la constante preocupación de ser descubierto de una falsedad. Valoraba muchísimo la tranquilidad mental que la honestidad le brindaba.

De adulto, en su vida familiar, la honestidad se convirtió en un pilar fundamental. David transmitió estos valores a sus hijos, fomentando en su casa un ambiente basado en la confianza, la transparencia y la comunicación abierta. Sus hijos aprendían de su ejemplo y crecían con una base sólida de integridad y honestidad.

A medida que la honestidad se convirtió en su guía, David descubrió un nuevo mundo de relaciones genuinas y verdaderas amistades. La confianza se convirtió en el cimiento de sus relaciones y se sentía liberado al poder mostrarse tal y como era, sin la necesidad de inventarse historias para tratar de impresionar a los demás.

Con el tiempo, David encontró su verdadero propósito en la vida. Su pasión por la escritura se convirtió en una forma de expresar su verdad y de compartir sus experiencias de manera auténtica. Sus relatos, ahora basados en la realidad y en sus propias vivencias, resonaban en los corazones de quienes lo leían.

La honestidad le permitió conectar con las personas de manera más auténtica, construyendo relaciones basadas en la confianza mutua y el respeto. La vida le había enseñado que la verdad era un poderoso lazo que unía a las personas, mientras que las mentiras solo terminaban generando distancia a través de la desconfianza.

La vida, a través de la honestidad, le había dado la oportunidad de redimirse, de enmendar los errores del pasado y de construir una vida basada en la verdad y la integridad. Y le había enseñado que la honestidad no solo beneficia nuestras relaciones con los demás, sino que también nos permite vivir en paz con nosotros mismos, libres de la carga de las falsas apariencias.

> **Moraleja:** La honestidad es el cimiento de una vida plena y en armonía. A través de la sinceridad y la transparencia, construimos relaciones sólidas, obtenemos el respeto de los demás y vivimos en paz con nosotros mismos. La honestidad nos libera de la carga de las mentiras y nos permite desarrollar todo nuestro potencial. Cultivar la honestidad en nuestras palabras y acciones nos lleva por el camino hacia una vida auténtica y llena de significado.

«Lo que me preocupa no es que me hayas mentido, sino que, de ahora en adelante, ya no podré creer en ti».

FRIEDRICH NIETZSCHE

CAPÍTULO 14. AUTOESTIMA

Pepe era un chico extraordinario. Desde muy pequeño, su autoestima era radiante y equilibrada. Siempre se había sabido valorar en su justa medida por sus talentos y logros, sin caer en la vanidad ni el narcisismo. Este nivel de autoestima tan saludable fue el motor que impulsó su vida hacia el éxito y la plenitud.

Desde su más tierna infancia, Pepe destacó por su belleza y su carisma. No en vano llegó a ser modelo local en las fiestas patronales de su pueblo, en la Ribagorza, y su presencia siempre llamaba la atención allá donde iba. Pese a ello, nunca mostró ningún atisbo de presunción en su comportamiento ni pecó de falsa modestia, ni mucho menos de introversión o de inseguridad.

Desde pequeño, Pepe siempre sobresalía en todos los aspectos de su vida. Y es que su autoestima, perfectamente equilibrada, le impulsaba a sobresalir tanto en el colegio, como en su familia y en su pandilla de amigos.

En el colegio, Pepe siempre destacaba por su inteligencia y dedicación. Siempre estaba dispuesto a participar en clase, a hacer preguntas y a buscar soluciones creativas a los problemas que los profesores planteaban en el aula. Sus compañeros de clase lo admiraban por la seguridad que mostraba y por su capacidad para resolver los ejercicios que se planteaban en clase.

Además de su éxito en el ámbito educativo, Pepe era un líder natural en la cuadrilla de amigos. Siempre era el primero en proponer nuevas aventuras y retos para el grupo. Su autoestima le permitía confiar en sus habilidades y tomar la iniciativa, lo que a su vez inspiraba a sus amigos a seguirle sin dudarlo en cada nuevo plan que proponía.

Pepe siempre fue un estudiante brillante y eso sirvió para graduarse con honores y convertirse prematuramente en un prestigioso abogado muy reconocido en la localidad que ejercía.

En su actividad profesional, Pepe continuaba ejercitando día tras día su perfecto nivel de autoestima, lo que le garantizaba avanzar a pasos agigantados hacia la excelencia profesional. No en vano, ya era reconocido por su ética de trabajo impecable, su astucia legal y su capacidad para ganar juicios de manera brillante.

Y es que, durante los juicios, Pepe destacaba por su habilidad para argumentar de manera decisiva y persuasiva. Integraba su conocimiento profundo de las leyes, con su dedicación humilde a revisar toda la jurisprudencia asociada y con su capacidad sobresaliente para presentar y explicar los argumentos con una seguridad tan convincente como contundente. Cada vez que subía al estrado, transmitía una confianza inquebrantable, dejando a todos impresionados con su dominio y su capacidad para refutar sus explicaciones.

Todos los abogados y jueces de la ciudad hablaban maravillas del desempeño de Pepe. Su habilidad para analizar los detalles más minuciosos, su persuasión y su capacidad para pensar y responder rápidamente eran tremendamente elogiadas y valoradas por todos. Pero todo ello no le generaba ni un poquito de vanidad en su forma de ser.

Y es que, además de sus logros en los tribunales, Pepe también era muy conocido y respetado por su honestidad y el enfoque centrado en las personas. Siempre escuchaba atentamente a sus clientes, comprendía sus preocupaciones y luchaba incansablemente por obtener los mejores resultados para ellos. Su reputación como abogado competente, humano y confiable creció rápidamente, y, por ello, su agenda siempre estaba repletísima de clientes.

Aunque su carrera como abogado le ofrecía reconocimiento y éxito, Pepe anhelaba ir siempre un poco más allá, ponerse a prueba, y, por ello, decidió volver a empezar y trasladarse a una gran capital, que convirtió en su nuevo destino profesional. Allí encontró el espacio perfecto para expandir sus horizontes. Con determinación y dedicación, estableció su propia firma de abogados, que se convirtió en todo un referente de profesionalidad y buen hacer.

El nivel tan adecuado de autoestima que tenía Pepe fue la clave de su éxito. Le permitió creer en sí mismo, saber tomar riesgos perfectamente calculados y enfrentarse a los retos de la vida con valentía, manteniendo la humildad y el equilibrio. Siempre tuvo los pies en el suelo y la cabeza en las estrellas, y nunca se dejó arrastrar por el engreimiento.

Su autoestima le dio la confianza necesaria para establecer relaciones sólidas y saludables, y llegar a ser un líder carismático y respetado en el terreno profesional, y también en el familiar.

Pepe sabía perfectamente desde muy pequeñito que una autoestima desproporcionada podía llegar a ser tan perjudicial como un déficit importante de autoestima. Había conocido a personas atrapadas en la trampa del ego y la arrogancia, que habían terminado aisladas e infelices. Al igual que también había coincidido con personas con una autoestima demasiado baja, que se subestimaban y dejaban pasar de largo oportunidades muy interesantes por el miedo al fracaso.

Pepe tenía el equilibrio perfecto en la autoestima. Valoraba sus cualidades y logros, pero también reconocía rápidamente sus posibilidades de mejorar y crecer, y siempre estaba dispuesto a aprender y evolucionar. Esta actitud le permitía disfrutar de una vida plena, con la confianza necesaria en sí mismo y en sus capacidades.

Moraleja: Desarrollar un nivel de autoestima saludable es fundamental para alcanzar nuestros sueños y vivir en armonía. Valorémonos a nosotros mismos, celebremos nuestras fortalezas y aprendamos de nuestras debilidades. Encontrar el equilibrio en nuestra autoestima nos llevará por el camino que nos conduce al verdadero éxito.

«Tú misma, tanto como cualquier otra persona del universo, mereces tu amor y afecto».

BUDA

CAPÍTULO 15. GENEROSIDAD

Había una vez un hombre llamado Juan Carlos, que desde muy jovencito, al observar con ternura el comportamiento y desempeño de su padre, había descubierto la alegría que generaba dar y ayudar a los demás.

Juan Carlos era una persona generosa y buena en el más amplio sentido de la palabra y, por eso, siempre se preocupaba por el bienestar de aquellos que le rodeaban.

Sin duda, esa generosidad hizo que Juan Carlos se esforzase durante toda su juventud para terminar siendo pediatra de profesión. La falta de empleo público para sanitarios en aquellos años en los que se había titulado le obligó a tener que abrir su propia consulta privada, en la que atendía y cuidaba a los niños de su ciudad.

Lo que lo hacía más especial, sin ninguna duda, era que nunca rechazaba a un niño por falta de recursos económicos. Si una familia no podía pagar sus servicios médicos privados, él lo atendía de todas formas, sin dudarlo ni un instante, sabiendo que la salud de los pequeños era lo verdaderamente importante para él.

Pero, además, su generosidad no se limitaba solo a su trabajo profesional como pediatra. Juan Carlos era un apasionado cocinero y cada vez que había una reunión familiar, se encargaba de preparar deliciosos platos para todos. Pasaba horas en la cocina, experimentando con diferentes ingredientes y sabores, con la única intención de hacer feliz a su familia y a sus amigos.

Una de las especialidades culinarias de Juan Carlos era la paella. Cada verano, organizaba una gran comida familiar, donde preparaba una deliciosa paella para toda la multitud de familiares y amigos. Reunía a todos sus seres queridos alrededor de la mesa, llenando el aire con el aroma irresistible del arroz y las especias. Pronto, se convirtió en toda una tradición y cada año, todo el mundo esperaba con ansias el momento de probar la exquisita creación culinaria de cada verano.

Además de las comidas familiares, Juan Carlos también organizaba cenas para sus amigos más cercanos. Solía abrir las puertas de su casa y preparar una gran variedad de platos exquisitos. Durante las veladas, las risas y las conversaciones animadas llenaban el espacio, mientras que Juan Carlos, con una enorme sonrisa en el rostro, servía a sus amigos con generosidad y atención.

A lo largo de todas estas reuniones sentados en torno a una mesa, Juan Carlos experimentaba una satisfacción profunda al ver cómo su generosidad, a través de la comida, conseguía unir a las personas y marcar una diferencia significativa en la vida de los demás.

Juan Carlos no dudaba en ayudar a sus amigos en sus huertos y olivares. Cuando llegaba el momento de cosechar, él se ofrecía voluntariamente para trabajar junto a ellos recogiendo aceitunas para obtener un delicioso aceite. No había tarea que no estuviera dispuesto a hacer si eso significaba brindar apoyo y alegría a quienes le rodeaban.

La generosidad de Juan Carlos no solo impactaba en la vida de los demás, sino que también le proporcionaba una profunda satisfacción y felicidad. Cada sonrisa que recibía, cada palabra de agradecimiento llenaba su corazón de alegría y amor. Sabía que estaba marcando la diferencia en la vida de las personas y eso era lo que le motivaba a seguir siendo generoso día tras día.

Con el paso del tiempo, Juan Carlos se convirtió en un referente de generosidad y bonhomía en su comunidad. Era muy querido y admirado por muchísima gente.

La generosidad de Juan Carlos no solo trascendió su vida, sino que también inspiró a los demás a seguir su ejemplo. Las personas más próximas a él, sus hijos, comprendieron el valor de dar y ayudar a los demás, y, poco a poco, se generó una cadena de generosidad, que se extendió por toda la familia y se trasladó de generación en generación.

En aquellos lugares mágicos en los que la generosidad de Juan Carlos había creado un ambiente amoroso y solidario, los actos de bondad se multiplicaban, enriqueciendo la vida de todos.

Y así fue como Juan Carlos consiguió vivir una vida plena y llena de alegrías, rodeado de amor y gratitud. La generosidad había sido la clave de su camino para conseguir encontrarse con la verdadera felicidad.

Moraleja: La generosidad nos permite crear un mundo mejor. Al dar sin esperar nada a cambio, nos llenamos de alegría y felicidad, y contagiamos a los demás con nuestro amor. La generosidad es un regalo que podemos ofrecer a los demás, y a nosotros mismos, y, a través de ella, podemos construir relaciones significativas.

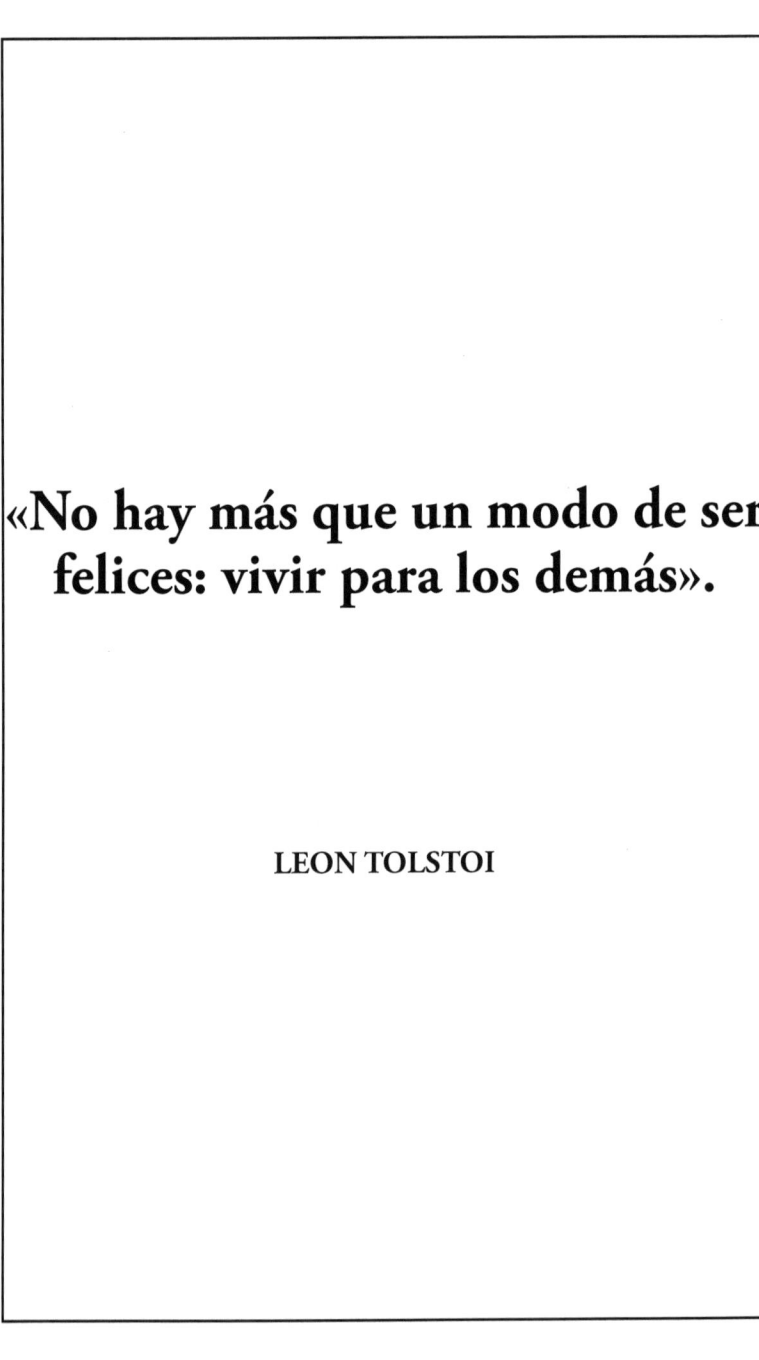

«No hay más que un modo de ser felices: vivir para los demás».

LEON TOLSTOI

CAPÍTULO 16. TOLERANCIA

Había una vez un hombre llamado Mohamed, cuya vida había estado marcada por una cruel tragedia. Había perdido a su primera esposa a causa de una grave enfermedad, dejándolo viudo con dos pequeños niños, fruto de su amor con su mujer. La pérdida de su amada esposa fue un golpe devastador para él, pero tenía una responsabilidad: criar a sus dos hijos con amor y compromiso.

Con el tiempo, Mohamed decidió darle una nueva oportunidad al amor y encontró a Lucía, una mujer excepcional. A pesar de las diferencias culturales y las cicatrices emocionales del pasado, el amor floreció entre ellos.

Juntos decidieron embarcarse en una nueva etapa de sus vidas y educar a los dos hijos de Mohamed, quienes comenzaron a aceptar a Lucía como parte integral de la familia.

El amor entre Mohamed y Lucía creció tanto, que decidieron dar la bienvenida a un nuevo miembro a la familia: un tercer hijo, el primero que tendrían juntos. Este nacimiento llenó sus vidas de alegría y esperanza, fortaleciendo aún más los lazos que los unían.

Sin embargo, la vida tenía para ellos una sorpresa inesperada. Un verano muy extraño aconteció un suceso inexplicable y Lucía, tras una noche en la que desató sus pasiones más ocultas, quedó embarazada de otro niño, pero este fue fruto de un eventual encuentro extramatrimonial. Mohamed, enfrentándose a una situación sumamente compleja, demostró su virtud de tolerancia. En lugar de permitir que la ira o el resentimiento tomaran el control, optó por abrazar a este nuevo ser humano como un miembro más de la familia.

Mohamed decidió que no había límites para el amor que podía brindar, que los lazos familiares eran más que la sangre y que la tolerancia y el perdón eran los cimientos de una familia unida y amorosa.

A pesar de las dificultades emocionales que esto conllevaba, él decidió amar y criar a este nuevo niño con el mismo cuidado y devoción que brindaba a sus otros hijos.

A medida que los años pasaron, la familia de Mohamed creció en amor y unidad. Los cuatro hijos crecieron juntos, apoyándose mutuamente y aprendiendo la importancia de la tolerancia y el perdón de su amable padre.

Gracias a estas sabias decisiones, el niño nacido de aquella aventura extramatrimonial, Miguel, creció en un ambiente lleno de amor, confianza y respeto. Se sintió siempre parte integral de la familia y experimentó el verdadero significado de la tolerancia y la aceptación. Recibió siempre el apoyo del resto de la familia en cada paso de su camino, alentándolo siempre a perseguir sus sueños para que pudiera convertirse en la mejor versión de sí mismo.

Por todo ello, Miguel se convirtió en un joven compasivo, empático y respetuoso. Aprendió a valorar y celebrar las diferencias en los demás, y se convirtió en un defensor de la inclusión y la justicia social. Su experiencia al crecer en un entorno de toleran-cia y amor le brindó una perspectiva única, y lo motivó a trabajar por un mundo más comprensivo y solidario.

La familia que Mohamed había ido construyendo se convirtió en un ejemplo de cómo el amor incondicional y la tolerancia pueden ayudar a superar cualquier adversidad.

Mohamed se convirtió en un faro de tolerancia en su comu-nidad. No solo crio a sus hijos en un ambiente de compasión y respeto, sino que también se involucró en proyectos de volun-tariado para ayudar a aquellas personas de su entorno que lo necesitaban.

Dedicaba tiempo a educar a las generaciones más jóvenes so-bre la importancia de la tolerancia y el respeto, transmitiendo siempre la idea de que el amor no conoce fronteras y que la fa-milia es un lazo construido con la vida, empleando los hilos del respeto y la aceptación mutua.

A medida que el tiempo pasaba, Mohamed experimentaba el verdadero significado de la tolerancia en su vida cotidiana. Des-cubrió que, al ser tolerante, se liberaba del peso de los prejuicios y se abría a un mundo de posibilidades y enriquecimiento. La to-lerancia le brindó la oportunidad de aprender, crecer y conectarse con personas de diversas experiencias y antecedentes. Además, le permitió construir relaciones más sólidas y significativas, basadas en el respeto y la aceptación mutua.

Moraleja: La tolerancia nos permite abrir nuestra mente y nuestro corazón hacia las diferencias de los demás, y nos enseña a valorar la diversidad como una fuente de enriquecimiento personal. Al practicar la tolerancia, somos capaces de construir relaciones más fuertes y significativas, rompiendo barreras y generando un mundo más comprensivo y solidario. La tolerancia nos ayuda a superar los prejuicios y nos permite aprender de las experiencias y perspectivas de los demás. Al cultivar la tolerancia, podemos experimentar una mayor paz interior, disfrutar de relaciones más auténticas y contribuir positivamente a la construcción de una sociedad más justa y equitativa.

«Ojo por ojo y el mundo acabará ciego».

MAHATMA GANDHI

CAPÍTULO 17. RESPONSABILIDAD

Había una vez, en un pequeño pueblo, un chiquillo llamado Martín. Desde muy temprana edad, Martín demostró ser un chico responsable y comprometido. Siempre cumplía con sus deberes escolares, ayudaba en casa y se esforzaba por ser un buen amigo.

A medida que Martín crecía, su sentido de responsabilidad se fue fortaleciendo. Era el primero en llegar a la escuela y el último en irse, siempre estaba dispuesto a colaborar con los profesores y compañeros. Además, en su tiempo libre, siempre se ofrecía voluntario para ayudar a las personas mayores con sus tareas y apoyar a quienes más lo necesitaban.

A los ocho años, sus padres le confiaron la tarea de cuidar a su hermanita menor, Sofía, en las horas en las que ellos tenían que trabajar. Martín asumió esta responsabilidad con compromiso, amor y dedicación. Pronto, aprendió a cambiar pañales, preparar biberones y asegurarse de que Sofía estuviera siempre segura y feliz. Su paciencia y atención fortalecieron muchísimo su vínculo con su hermanita pequeña y le enseñaron más virtudes del valor de la responsabilidad.

A medida que Martín crecía, su reputación de ser un niño muy responsable crecía por todo el pueblo. Durante un campamento de verano, fue seleccionado como líder de su equipo. Con su carisma y determinación, Martín asumió la responsabilidad de garantizar la seguridad y la diversión de todos. Se ocupó de organizar actividades emocionantes, asegurándose de que todos tuvieran un espacio de diversión, animando y apoyando a los más tímidos a participar. Su liderazgo inspiró a otros a unirse y disfrutar plenamente del campamento.

Tras ello, en la escuela, Martín fue elegido delegado de su clase. Esta posición requería que escuchara a sus compañeros con máxima empatía y transmitiera sus inquietudes a los profesores de forma convincente. Martín, rápidamente, se convirtió en el férreo y eficiente defensor de sus compañeros, trabajando incansablemente para que sus voces fueran escuchadas y consiguiendo que sus necesidades fueran atendidas. Con su compromiso y dedicación, logró que todos se sintieran incluidos y valorados.

Sin embargo, como incluso los niños más responsables pueden errar, en una ocasión, Martín olvidó hacer su tarea y se dio cuenta justo cuando el profesor entraba en la clase. A pesar del temor a las consecuencias, Martín decidió asumir su error. Se acercó al profesor con honestidad y admitió que se había olvidado por completo de sus deberes. Su confesión modesta sorprendió muchísimo al profesor, quien valoró la sinceridad y le otorgó una segunda oportunidad para entregar la tarea. Martín aprendió que la responsabilidad también implicaba saber reconocer y corregir los errores. Aceptar nuestra imperfección y abrazar nuestra vulnerabilidad.

Estas experiencias a lo largo de la infancia de Martín le mostraron la importancia que tenía la responsabilidad en su desarrollo. Su habilidad para responder de manera adecuada a las diferentes situaciones le generaba mucha satisfacción y le permitía desarrollarse en la esfera personal.

Martín se convirtió en un ejemplo para los demás, al mostrarles día a día cómo la responsabilidad era un guía formidable a la hora de superar desafíos y cosechar éxitos en todas las parcelas de la vida.

Y es que la responsabilidad de Martín no solo se limitaba a sus obligaciones cotidianas, sino que también se extendía a sus metas y sueños. Siempre se esforzaba al máximo en cada tarea que emprendía, ya fuese en los deportes, la música o cualquier otro proyecto que se propusiera. Él estaba convencido de que sus resultados dependían en gran medida de su compromiso y dedicación.

Con el tiempo, las ventajas de ser responsable se hicieron evidentes en la vida de Martín. Sus calificaciones en la escuela eran magníficas, lo que le abrió las puertas a enormes oportunidades académicas primero, y profesionales, después. Además, su ética de trabajo y confiabilidad lo convertían en un miembro muy valorado para cualquier equipo y para cualquier proyecto en el que participaba.

Evidentemente, la responsabilidad de Martín también se manifestaba en su vida personal. Era alguien en quien los demás siempre podían confiar, siempre estaba dispuesto a ayudar y cumplir sus promesas. Su integridad y coherencia eran admiradas por todos, lo que le permitía ganarse el respeto y la admiración de sus familiares y amigos.

Su nivel de responsabilidad también tenía un impacto positivo en aquellas personas que tenían la fortuna de rodearlo. Su ejemplo les inspiraba y alentaba a asumir sus propias responsabilidades y compromisos. Martín era, sin saberlo, un líder natural que guiaba a los demás hacia el cumplimiento de sus propósitos.

A medida que Martín llegó a la adultez, su reputación de ser una persona tremendamente responsable y confiable se extendió más allá de las fronteras de su pueblo. Y empezó a ser reconocido como un modelo de integridad y dedicación en su profesión a nivel internacional. Su ética de trabajo y su capacidad para responder adecuadamente a cualquier desafío lo llevaron a alcanzar grandes logros en su carrera.

Martín, ya convertido en todo un adulto, continuaba demostrando su gran responsabilidad en cada aspecto de la vida. En el trabajo siempre asumía los proyectos más desafiantes y cumplía con las responsabilidades de manera impecable. Tanto sus superiores como sus colegas lo veían como una persona confiable y comprometida, por lo que le encomendaban las tareas más críticas e importantes y le otorgaban siempre más responsabilidades, que le permitían crecer continuamente en el terreno profesional.

Por otro lado, en su vida personal, Martín también demostraba día a día su responsabilidad. Como esposo y padre de familia, siempre estaba presente. Cumplía de manera sobresaliente con su corresponsabilidad familiar, brindando apoyo emocional, compartiendo tareas del hogar y siendo un modelo de integridad y compromiso para sus seres queridos. Su dedicación a la familia ayudaba a crear un ambiente de amor y estabilidad en el que todos prosperaban.

La responsabilidad de Martín también se extendía al cuidado del medio ambiente. Adoptaba, sin dudarlo, prácticas sostenibles en su vida diaria, como reciclar, reducir el consumo de energía y promover la conservación de los recursos naturales. Además, participaba activamente en organizaciones medioambientales locales, colaborando en actividades de limpieza de espacios naturales y concienciando a los más jóvenes sobre la importancia de ser responsables con el entorno.

Estas diferentes vivencias de Martín muestran cómo la responsabilidad fomenta el compromiso con el trabajo, la comunidad, la familia y el cuidado del mundo, y cómo todo ello proporciona grandes satisfacciones por los logros significativos que se van cosechando. La vida de Martín es un claro ejemplo de que ser responsable no solo beneficia a uno mismo, sino que también beneficia a todas las personas que nos rodean.

Sin duda, lo más importante para Martín era la satisfacción personal que sentía al saber que cumplía con su deber y que era una persona de absoluta confianza para los demás. La responsabilidad le reportaba una plena sensación de propósito y realización en la vida, que le permitía poder enfrentarse a cualquier obstáculo con determinación y resiliencia.

Moraleja: La responsabilidad es una virtud invaluable. Ser responsable nos ayuda a construir una base sólida para el éxito, tanto en nuestras metas personales como en nuestras relaciones con los demás. La responsabilidad nos da la capacidad de asumir el control de nuestras vidas y ser conscientes de nuestras acciones y decisiones.

Al ser responsables, nos convertimos en personas íntegras y coherentes, ganándonos el respeto y la confianza de los demás. En último extremo, la **responsabilidad**, como la propia palabra indica, es saber **responder** con **habilidad** ante cualquier circunstancia.

«La formación final del carácter de una persona reside en sus propias manos».

ANA FRANK

CAPÍTULO 18. SABIDURÍA

Había una vez una venerable abuelita llamada Inés, que rebosaba sabiduría y amor por todos los poros de su piel, muy probablemente, gracias a las vivencias con sus cinco hijos y sus nueve nietos. Sin duda, a lo largo de su larga vida, había vivido muchas experiencias y, gracias a ello, había ido adquiriendo una enorme sabiduría, que le permitía ser el gran pilar que sostenía a su numerosa familia.

Inés nació en el pequeño pueblo de Novales, de la provincia de Huesca, donde creció rodeada de campos y naturaleza. Enseguida tuvo que aprender el valor del trabajo duro y la importancia de cuidar de los demás, ayudando a sus padres en las labores del campo y la casa, sembrando, limpiando, cocinando y cosechando alimentos que eran el sustento familiar.

En su niñez, Inés vivió numerosas experiencias que le permitieron crecer en sabiduría y forjar, poco a poco, un carácter dulce, empático y tremendamente conciliador. Una de estas experiencias ocurrió cuando tenía apenas ocho años. En aquel entonces, el pequeño pueblo de Novales sufría una enorme sequía que afectaba seriamente a los huertos y cultivos, poniendo en serio peligro la subsistencia de las familias. Inés, con su espíritu curioso y su persistente deseo de aprender y ayudar, observó cómo su padre luchaba incansablemente por mantener las plantas con el agua imprescindible para que siguieran creciendo y pudieran llegar a dar sus ansiados frutos.

Un día, mientras ayudaba a su padre a regar las plantas, Inés observó que algunas de ellas estaban más mustias que otras. Intrigada, preguntó a su padre por qué sucedía eso. Su padre, con paciencia, le explicó que algunas plantas necesitaban más agua que otras y que era importante aprender a identificar sus necesidades para poder darles el cuidado preciso en tiempos de escasez.

A partir de ese momento, Inés comenzó a observar más detenidamente a las plantas. Descubrió que cada especie tenía requerimientos diferentes en cuanto a agua y nutrientes, y aprendió a adaptar sus cuidados a las necesidades específicas de cada una, logrando así que la mayoría de ellas pudieran ir prosperando.

Esta simple y curiosa experiencia que la vida le había regalado a Inés le permitió grabar a fuego en su corazón la importancia de saber adaptarse siempre a las circunstancias precisas de cada uno y saber tratar a cada ser vivo de manera individualizada. Gracias a esta lección había aprendido para siempre que no somos todos iguales y que debemos respetar y comprender las diferencias de cada persona.

Y a medida que Inés fue creciendo, siguió encontrando diversos desafíos que la fueron llevando a adquirir más y más conciencia y sabiduría, cada vez más profunda. Uno de esos desafíos ocurrió cuando sus padres, desesperados por las constantes peleas motivadas por los celos que se tenían ella y su hermanita mayor, tomaron la decisión de enviarla a vivir por un tiempo a un pequeño pueblo próximo con unos familiares cercanos.

Al principio, Inés se sintió triste, poco querida y abandonada. Sin embargo, esa experiencia le permitió aprender a valorar la importancia de la armonía familiar y la importancia de la comunicación para resolver los conflictos. A través de cartas y visitas regulares, Inés y su hermana empezaron a reconstruir su relación y a entenderse mutuamente. Con el tiempo, esa separación forzosa se convirtió en un punto de inflexión en su vida, ya que aprendió a ser más comprensiva y a resolver los conflictos de manera más pacífica.

Otra experiencia significativa ocurrió cuando Inés participó en un concurso de costura en la provincia. Ella era una niña muy talentosa y siempre destacaba en sus creaciones. Sin embargo, en aquella ocasión, su costura no resultó tan exitosa como esperaba. Y, aunque al principio se sintió decepcionada, Inés decidió no rendirse y aprender de la experiencia. En lugar de lamentarse por el resultado, analizó su creación con calma y buscó las formas de mejorarla. Estudió técnicas de otros modistas, practicó incansablemente y recibió consejos de sus familiares y vecinos.

Con el tiempo, sus habilidades mejoraron notablemente y su pasión por la costura se fortaleció. Comenzó a ganar reconocimiento entre sus seres queridos y, con el tiempo, llegó a ser una destacada modista para todos sus familiares y amistades. Aquella decepción enseñó a Inés la importancia de la humildad, la perseverancia, la autocrítica constructiva y las posibilidades de aprendizaje y crecimiento cuando sabemos dar la espalda al temido ego.

Estas y otras experiencias de su niñez fueron moldeando la sabiduría de Inés. Fue aprendiendo a valorar el conocimiento práctico, la observación atenta y la perseverancia. Estas lecciones se convirtieron en los pilares que la sostendrían en su vida, permitiéndole afrontar los sinsabores de la vida con confianza y adaptarse a las situaciones, encontrando soluciones creativas.

La sabiduría que pudo forjar en su niñez fue una consistente raíz sobre la cual Inés pudo construir una vida plena y feliz. A medida que crecía, seguía aprendiendo de cada experiencia y, con el paso de los años, su sabiduría se iba enriqueciendo más y más. Y siempre recordando con gratitud aquellos momentos de su niñez que la guiaron hacia la búsqueda constante del aprendizaje.

Inés siempre recordaba que, cuando aún era solo una adolescente, decidió aventurarse y buscar nuevas oportunidades en la gran ciudad, muy lejos de su pueblo natal. Esa ansia de aventura y crecimiento la llevó a trasladarse a Barcelona, donde encontró trabajo como empleada doméstica. Durante un tiempo, cuidó de diferentes familias, dedicando su tiempo y esfuerzo a brindarles comodidad y apoyo.

En Barcelona, sola ante el peligro, y muy, muy jovencita, Inés superó numerosas vivencias, gracias a las cuales tuvo la valiosa oportunidad de seguir aprendiendo importantísimas lecciones de vida. Convivió con personas de diferentes culturas, niveles sociales y con distintas experiencias de vida, lo que le llevó a desarrollar una profunda comprensión de la diversidad humana y la importancia de la tolerancia y el respeto.

Como no podía ser de otro modo, Inés también sobrevivió múltiples experiencias muy traumáticas, una de las que le dejó una profunda huella imborrable en el alma y que arrastraría el resto de sus días se produjo cuando se desató la guerra civil en España. El terrible inicio de la guerra arrancó con la trágica noticia de la muerte de su jovencísimo hermano, el primer soldado de la ciudad fallecido en el frente de batalla. Esta dolorosa pérdida le enseñó la fragilidad de la vida y la importancia de valorar cada momento y a cada ser amado.

En ese momento de gran tristeza y conmoción, Inés se aferró a su fe inquebrantable y, desde entonces, encontró consuelo rememorando las enseñanzas de su abuela, quien había tratado de trasmitirle siempre la importancia de la fortaleza interior y la capacidad de sobreponerse a las adversidades. Esta durísima lección le enseñó a valorar más la vida, por ser así de perecedera, y a saber vislumbrar con tranquilidad, tiempo y paciencia los rayos de esperanza cuando sobrevenía la temida y tenebrosa oscuridad.

La sabiduría de Inés se puso de nuevo a prueba cuando su esposo falleció a causa de un cáncer, dejándola sola con una ínfima pensión de viudedad como única fuente de ingresos. A pesar del dolor por la tremenda ausencia y la vertiginosa incertidumbre, Inés demostró de nuevo una inusitada fortaleza digna de admiración. Aprendió rápidamente a administrar sus recursos económicos de manera hiperresponsable y a adaptarse de manera fabulosa a la nueva realidad.

En lugar de dejarse consumir por la tristeza y la pena, decidió reinventarse y encontrar nuevos propósitos en la vida. Se involucró en el cuidado de su familia, ofreció su tiempo y experiencia a todos los familiares que lo fueron necesitando y se convirtió en el principal pilar de apoyo para quienes iban atravesando situaciones complicadas.

Estas experiencias adversas le brindaron a Inés una sabiduría honda y una comprensión de la fugacidad de la vida clarividente. Había aprendido a apreciar cada momento, a ser resiliente frente a las dificultades y a encontrar fuerzas de flaqueza en su interior más profundo frente a cada adversidad.

La sabiduría adquirida a lo largo de todos sus años de vida se convirtió en un faro de navegación. Inés era el vivo ejemplo de que la verdadera sabiduría no reside tanto en el conocimiento, los estudios académicos o los títulos universitarios, como en la capacidad de saber ir aprendiendo a responder de manera sensata y amorosa ante cualquier circunstancia de vida. A través de su ejemplo, transmitía esa sabiduría a sus hijos y a sus nietos, quienes, gracias a ello, también pudieron aprender a enfrentarse a la vida con valentía y compasión.

La sabiduría de Inés también se manifestaba en su capacidad para encontrar la alegría en las pequeñas cosas. A pesar de las diversas dificultades, desafíos y sacrificios, siempre tenía una sonrisa preciosa que iluminaba su rostro y su clara mirada. Siempre tenía una palabra amable para todas las personas que se cruzaban en su camino. Sus nietos, en particular, adoraban escuchar sus historias llenas de enseñanzas y sus consejos sabios y atemporales.

Y es que Inés era un destello de sabiduría para toda la familia. Su amor incondicional y su dedicación hacia los demás eran palpables en cada momento que pasaba con sus hijos y con sus nietos. Les enseñó el valor de la honestidad, la importancia de la paciencia y el poder transformador del perdón.

A medida que los años pasaron, los nietos de Inés se convirtieron en adultos, que fueron formando sus propias familias. Sin embargo, su venerable abuelita, ya fallecida, seguía siendo el epicentro de la familia y continuaba dándoles sabios consejos y brindándoles apoyo a todos, aunque de una forma diferente. Sus nietos siempre encontrarían, al pensar en ella, una fuente inagotable de sabiduría y amor.

Inés vivió una vida larga y plena, rodeada de su amada familia. Siempre fue un ejemplo de sabiduría y generosidad, y su legado perduró en el corazón de sus seres amados, quienes, a su vez, llevaron consigo las enseñanzas de su abuelita y estas se fueron transmitiendo de generación en generación por el resto de los tiempos.

Moraleja: La sabiduría se adquiere a través de las experiencias de la vida, tanto las más difíciles como las gratificantes. Cultivar la sabiduría implica estar abierto a aprender de cada experiencia, afrontar los desafíos con valentía y aprender a buscar, hasta encontrar soluciones creativas. La sabiduría nos invita a ser conscientes de nuestras acciones y decisiones, asumiendo la responsabilidad de estas y trabajando para ser personas cada vez más íntegras y coherentes.

La sabiduría es un tesoro que se adquiere a lo largo de la vida. Nos permite enfrentarnos a los obstáculos con aceptación, saber valorar cada momento y encontrar la tranquilidad y la plenitud en nuestra existencia.

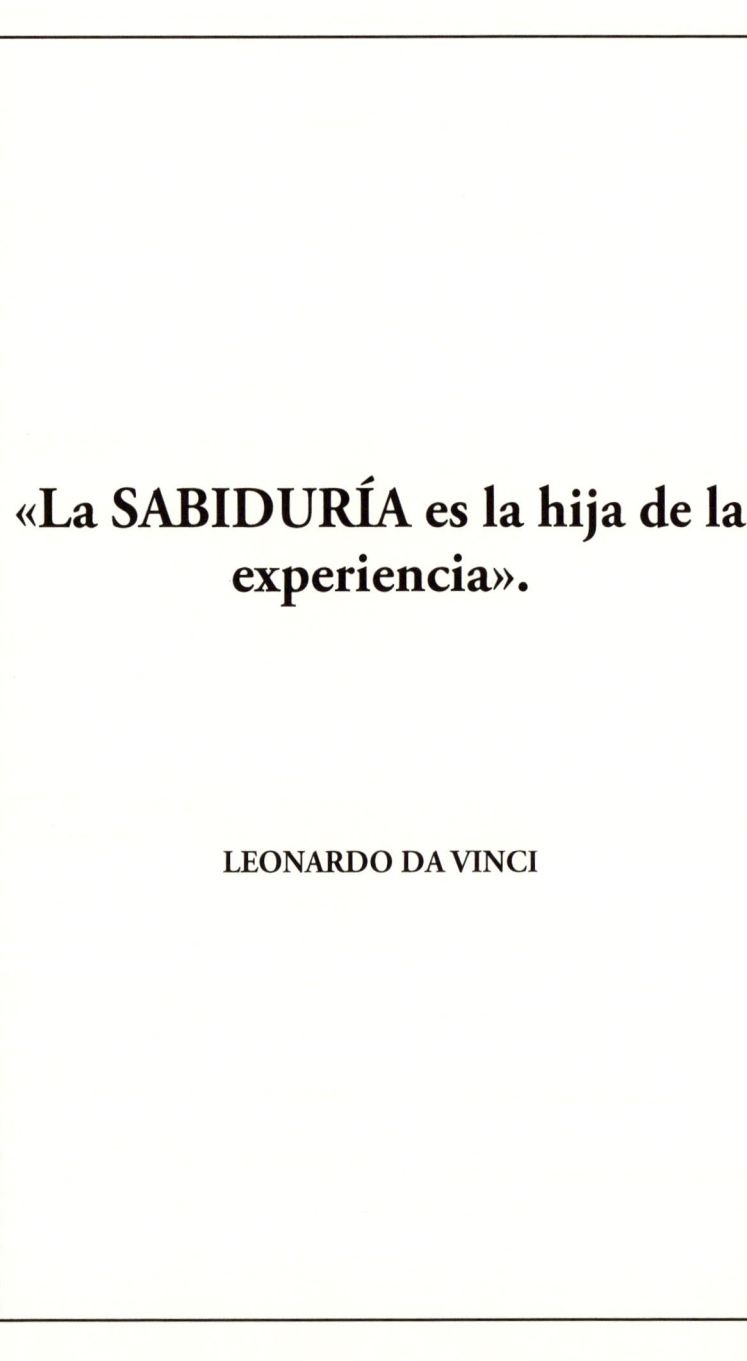

«La SABIDURÍA es la hija de la experiencia».

LEONARDO DA VINCI

CAPÍTULO 19. INTEGRIDAD

Había una vez un joven llamado Diego, que vivía en una pequeña ciudad del norte de España. Desde muy temprana edad, Diego se había dado cuenta de la importancia de vivir con integridad y honestidad. Siempre había sido conocido por su sinceridad y por cumplir con su palabra.

Diego creció rodeado de amigos y familiares que admiraban su carácter íntegro. Siempre se esforzaba por hacer lo correcto, incluso, cuando nadie lo estaba mirando. Tenía una brújula moral interna que siempre le guiaba en el sentido correcto en cada decisión que tomaba.

La integridad de Diego le otorgaba una tranquilidad especial que le permitía dormir de forma muy especial cada noche, con ausencia absoluta de ruido mental, sin conflictos ni remordimientos, con la tranquilidad de quien sabe que siempre ha actuado de buena fe, de acuerdo con sus principios y valores, con el corazón en la mano. Esa paz interior le permitía despertar cada mañana con una bellísima energía, que le permitía disfrutar en plenitud de cada día que el presente le regalaba.

Diego, aun siendo un simple adolescente de un barrio humilde, empezó a ser reconocido por su singular honestidad y su firmeza y compromiso en seguir siempre el camino correcto sin atisbo de desviarse, incluso, cuando se había tenido que enfrentar a tentaciones complicadas.

Una tarde, mientras caminaba por el parque, Diego escuchó un grito de auxilio proveniente de una calle cercana. Corrió hacia el sonido y se encontró con una escena perturbadora: un grupo de matones de barrio estaba acosando a un niño más pequeño.

Sin dudarlo, Diego intervino para defender al niño indefenso. No importaba que los matones fueran muchos más, además de más grandes, Diego sabía que no podía quedarse de brazos cruzados. Se detuvo frente al niño y se enfrentó sin dudarlo a todos ellos, rogándoles que lo dejaran en paz.

Aunque al principio los acosadores intentaron intimidarle, Diego se mantuvo firme en su posición. Y con sus palabras honestas y valientes, les empezó a recordar la importancia de tratar a los demás con respeto y compasión. Su integridad era tan evidente en cada palabra y en cada gesto, y su coraje tan impresionante y desconcertante, que los niños mayores, que estaban acosando al indefenso menor, avergonzados por su comportamiento, se retiraron dejándolos en paz, mientras que el niño, tan asustado como emocionado y agradecido, no podía dejar de llorar mientras le daba las gracias a Diego.

Muy pronto, gracias a este tipo de comportamientos, Diego se convirtió en todo un ejemplo de integridad en su ciudad. La gente le admiraba por su valentía y por su disposición a proteger a los más débiles. Sus actos de coraje y valentía corrían como la pólvora por el vecindario, y las personas lo veían como un verdadero líder moral.

Diego continuó demostrando su integridad en otras situaciones de la vida cotidiana. Siempre decía la verdad, incluso, cuando mentir podía llegar a beneficiarlo claramente. Se negaba a participar en trampas o comportamientos deshonestos, eligiendo siempre el camino de la honestidad y el esfuerzo.

Su actitud íntegra no solo le permitió ganarse el respeto de sus compañeros y profesores, sino que también influyó positivamente en ellos. Muchos comenzaron a seguir su ejemplo y a reflexionar sobre sus propias acciones. Diego se convirtió en un agente de cambio para sus amigos, inspirándoles a vivir con integridad.

A medida que Diego crecía, su integridad se volvía aún más valiosa. Se encontraba en situaciones en las que otros trataban de persuadirlo para que hiciera cosas que no estaban alineadas con sus valores. Sin embargo, Diego se mantenía firme en su posición, sin dejarse llevar por las presiones del grupo.

Un día, Diego fue contratado para trabajar en una empresa importante en la ciudad. Pronto se dio cuenta de que había una cultura de falta de integridad en el lugar de trabajo. Muchos de sus colegas se involucraban en prácticas deshonestas, como el robo de ideas y el engaño a clientes.

A pesar de la tentación y la presión a la que se enfrentaba, Diego se supo mantener fiel a sus principios. No se dejó influir por las malas acciones de los demás y se negó a participar en esos comportamientos deshonestos. Aunque al principio fue difícil, con el tiempo, Diego se ganó el respeto de sus colegas y superiores por su integridad inquebrantable, lo que le llevó a ascender y a triunfar en la empresa de forma meteórica.

La integridad de Diego le brindó muchos beneficios en su vida. Ganó la confianza de los demás, tanto en su vida personal como profesional. Fue reconocido por su honestidad y lealtad, lo que le permitió avanzar en su carrera y establecer relaciones sólidas y significativas.

La firmeza para mantenerse fiel a sus principios y valores le permitieron estar siempre en paz consigo mismo, además de poder ganarse el respeto y la confianza de quienes lo rodeaban.

La integridad de Diego le permitió tener una tranquilidad mental incomparable. A diferencia de aquellas personas que elegían actuar de manera deshonesta, Diego podía dormirse con el convencimiento de tener la conciencia impoluta.

La integridad le abrió puertas preciosas en su vida personal. Sus relaciones personales se basaron siempre en la confianza y en la certeza de que siempre actuaba de manera ética y honesta. Esto le permitió cultivar amistades sólidas y establecer vínculos duraderos con personas que tenían sus mismos valores.

A Diego, su compromiso con la integridad siempre le proporcionó una bella serenidad. Nunca tuvo que preocuparse por ocultar la verdad ni por enfrentarse al miedo de las posibles consecuencias de haber cometido acciones deshonestas. Siempre pudo mirarse al espejo cada mañana estando orgulloso de la imagen que veía reflejada.

Moraleja: La integridad es una virtud poderosa, que trae consigo una gran tranquilidad y satisfacción. Vivir de acuerdo con nuestros principios y valores nos permite dormir en paz, con serenidad y sin conflictos internos. Nos brinda la confianza y el respeto de los demás, y nos permite construir relaciones sólidas y exitosas.

«INTEGRIDAD significa que hay coherencia entre lo que dices, lo que haces, lo que piensas y lo que sientes por la vida que te rodea».

SADHGURU

CAPÍTULO 20. ESPIRITUALIDAD

Hace más de dos mil años, en una pequeña aldea de Nazaret, nació un niño llamado Jesús. Desde su muy pequeñito, siempre mostró una conexión especial con lo divino y una sabiduría que, sin duda, trascendía su corta edad. A medida que Jesús crecía, se volvía evidente que su vida estaba imbuida de una profunda espiritualidad.

Jesús encontró en la fe, y en la conexión con Dios, una fuente inagotable de amor, paz y sabiduría. A través de la oración y la contemplación, cultivó una relación íntima con lo divino y esta conexión se convirtió en la base de su vida y de sus sabias enseñanzas.

La espiritualidad de Jesús no se limitaba a los ritos religiosos o a las normas sociales. Él entendía que la verdadera esencia de la espiritualidad radicaba en el amor y la compasión hacia todos los seres vivos. Vivir con espiritualidad significaba ser consciente de las necesidades de los demás, brindar consuelo a los afligidos y ayudar a los más necesitados.

Jesús predicó el perdón y la reconciliación, enseñando que la verdadera paz solo podía encontrarse a través del amor y la comprensión mutua. Era temerariamente valeroso y no temblaba en desafiar las normas establecidas en la sociedad de aquel entonces, mostrando un profundo respeto por todas las personas, sin importar su origen ni su condición social. Su mensaje trascendía las barreras de la religión, abarcando a toda la humanidad.

La espiritualidad de Jesús también se manifestaba en su relación con la naturaleza. Admiraba la belleza y el equilibrio del mundo natural, y veía en ello un reflejo del amor y la sabiduría divina. A través de parábolas y enseñanzas, ilustraba la importancia de cuidar y preservar la creación, reconociendo que todo estaba interconectado en un delicado equilibrio.

Y ya, en aquel entonces, todos sentían al observarlo que era hombre extraordinario cuando caminaba entre la multitud con absoluta humildad. Lo veían como un ser lleno de luz y sabiduría, que irradiaba una espiritualidad palpable en cada uno de sus gestos y en cada una de sus meditadas palabras.

Todo ello generaba encuentros muy significativos con sus discípulos, a los que se unían gran multitud de personas. Jesús les hablaba en ellos sobre el amor incondicional, la compasión y la importancia de saber perdonar de corazón. Sus enseñanzas resonaban en el alma de los presentes, quienes llegaban a sentir la presencia divina a través de sus palabras.

En una soleada tarde, mientras Jesús se encontraba caminando por un pequeño pueblo e iba avanzando por las estrechas calles, escuchó cómo debatía un grupo de personas reunidas en la puerta de una casa. Se acercó sigilosamente y se percató de que era una reunión entre varios líderes religiosos.

Curioso por lo que estaba sucediendo, Jesús se acercó aún más y escuchó las discusiones acaloradas y las voces elevadas. Los líderes religiosos debatían sobre la interpretación de las leyes y las tradiciones, enfocándose en los aspectos externos y las formalidades.

Jesús decidió intervenir y, con calma y humildad, les recordó la esencia de la espiritualidad. Les habló sobre la importancia de cultivar una conexión profunda con lo divino, de buscar un amor puro y desinteresado hacia los demás. Mientras hablaba, su voz resonaba con autoridad y sabiduría, y los corazones de aquellos presentes se llenaron de paz y comprensión.

Otro día, mientras Jesús enseñaba a una multitud en una colina, un grupo de escribas y fariseos se acercó, llevando consigo a una mujer acusada de adulterio. La mujer temblaba de miedo mientras los acusadores demandaban que se aplicara la ley y se le condenara.

Jesús, en lugar de juzgar y condenar, se inclinó y comenzó a escribir en la arena. Sus palabras silenciosas parecían llenas de compasión y amor. Luego, se levantó y miró a los acusadores, diciendo: «Aquel de ustedes que esté libre de pecado, que arroje la primera piedra». Uno a uno, los acusadores se retiraron, reconociendo su propia imperfección.

Jesús se acercó a la mujer y le ofreció palabras de aliento y perdón. Le dijo que no la condenaba y que debía irse y no volver a pecar. La mujer, abrumada por la gracia y la misericordia que había experimentado, se levantó con un nuevo sentido de esperanza y renovación espiritual.

En otro momento de su vida, Jesús se encontraba rodeado de niños que habían sido llevados por sus padres para que los bendijera. Los discípulos intentaron apartar a los niños, creyendo que eran una distracción para Jesús. Pero él, con una sonrisa amorosa, dijo: «Dejen que los niños se acerquen a mí, porque de ellos es el reino de los cielos».

Jesús tomó a los niños en sus brazos y los bendijo, transmitiéndoles su amor y su espiritualidad. En ese momento, enseñó a todos los presentes la importancia de la humildad, de la pureza de corazón y de la capacidad que todos tenemos de poder recibir y dar amor incondicional.

Y así fue como, con cientos de historias similares, a lo largo de su breve vida, Jesús demostró constantemente una espiritualidad que trascendía las normas de su tiempo. Abrazó a los marginados y ofreció perdón a los pecadores, mostrando la comprensión y la compasión más profundas que habitan en nuestra naturaleza humana. Su vida fue un testimonio vivo de amor, compasión y servicio desinteresado.

De hecho, la espiritualidad de Jesús no solo transformó la vida de aquellos que tuvieron la suerte de rodearle, sino que, también, tuvo un impacto perdurable en la humanidad para siempre. Su mensaje de amor y perdón resonó a lo largo de los siglos, y sigue inspirando a millones de personas en todo el mundo hoy, más de dos mil años después.

Y es que su vida, rebosante de espiritualidad, no solo trajo beneficios a la vida de Jesús, sino que también consiguió impactar profundamente en toda la humanidad. Sus enseñanzas de amor incondicional, compasión y perdón resuenan en los corazones de las personas, transformando vidas y generando un movimiento constante de esperanza.

El mensaje de Jesús, además de perdurar a lo largo de los siglos, trasciende fronteras. Sus enseñanzas espirituales continúan inspirando a millones de personas en todo el planeta, recordándonos continuamente lo importante que es saber vivir con un propósito más elevado que el del propio ego y lo bonito que es buscar y hallar conexiones más profundas con el Universo.

Vivir con espiritualidad implica encontrar el significado de la vida y nutrir el alma. Proporciona una guía moral y un sentido a seguir sin pensar en los tiempos de mayor adversidad. La espiritualidad nos invita a buscar un propósito más allá de nosotros mismos, a cultivar la compasión y a vivir en armonía con ese todo del que formamos parte inseparable.

Moraleja: Al cultivar una relación profunda con lo divino, buscando conexiones más profundas con el mundo y con los demás, encontramos un camino hacia una vida plena y significativa. La espiritualidad nos ofrece beneficios transformadores, que trascienden lo material y nos permiten vivir con amor, compasión y propósito, impactando positivamente en nuestra vida y en la de quienes nos rodean. La espiritualidad nos brinda una guía moral, nos fortalece en momentos de adversidad y nos ayuda a encontrar significado y trascendencia en nuestra desoladora vida cotidiana. Al alimentar nuestra dimensión espiritual, podemos experimentar una mayor paz interior, una mayor satisfacción y mejor capacidad para enfrentarnos a los desafíos que se presentarán, antes o después, en nuestro camino.

«Reza como si todo dependiera de Dios. Trabaja como si todo dependiera de ti».

SAN AGUSTÍN

CAPÍTULO FINAL.
Aprender a VIVIR también requiere saber MORIR

Reflexionar sobre la mortalidad:

Aprender a vivir implica, no solo saber, sino también llegar a creernos que nos vamos a morir. Implica reflexionar sobre nuestra propia mortalidad. Comprender que la vida es finita nos invita a saber valorar y saborear cada momento. Nos invita a tomar decisiones conscientes y meditadas sobre cómo queremos vivir.

La reflexión sobre la mortalidad es una práctica profundamente humana y ancestral que puede ayudarnos a vivir con mayor plenitud y a superar el miedo a morir. La mentalidad estoica encapsulada en la frase «memento mori» (recuerda que eres mortal), nos invita a reflexionar sobre nuestra propia mortalidad para aprovechar cada momento de nuestra existencia en plenitud.

MEMENTO MORI: En los esplendores de la antigua Roma, el emperador Marco Aurelio era el hombre más poderoso del mundo, lo que le permitía poder disfrutar de todas las posesiones terrenales que un hombre podía llegar a soñar. Sus ejércitos lo aclamaban victorioso en innumerables batallas y cada regreso a la majestuosa Roma era un triunfo celebrado en las calles de todo el imperio. Sin embargo, a pesar de la gloria y el poder que rodeaban su vida, Marco Aurelio mantenía una costumbre que le recordaba constantemente su propia fragilidad humana.

En medio de la euforia de las ovaciones y el clamor de la victoria, el emperador escogía a un soldado y lo hacía caminar a su lado durante el desfile triunfal. Mientras avanzaban entre las masas que los vitoreaban, hacía que el soldado fuese a su lado susurrándole continuamente al oído una simple pero poderosa frase: «memento mori", que significa «recuerda que eres mortal». Esta práctica no era un mero capricho, sino una estrategia para mantener a raya su ego y recordarle que, a pesar de sus éxitos y la adoración de su pueblo, él también estaba destinado a enfrentar la inevitabilidad de la muerte.

Esta antigua lección de humildad y perspectiva puede aplicarse en nuestras vidas cotidianas de una manera sorprendentemente efectiva. Imagina un día caluroso de verano en el que decides emprender un viaje en coche con tus hijos pequeños. El tráfico es abrumador, los niños están muy cansados y comienzan a llorar. La paciencia se agota, la irritación crece y, en medio de la tensión, puedes sentirte tentado a gritar y a perder la calma.

Aquí es donde, por ejemplo, puede entrar en juego el concepto de «memento mori». Si en ese preciso instante, te exiges recordar que la vida es frágil y que ese viaje podría ser el último que compartes en familia, tu perspectiva cambia radicalmente. Si imaginas que una tragedia en la carretera podría arrebatar la vida de uno o varios de tus seres queridos en un abrir y cerrar de ojos, en ese momento, los gritos y la frustración pierden su importancia. Tu enfoque se desplaza hacia lo que realmente importa: el amor y la unidad de tu familia. Tu actitud se transforma y con un pensamiento de «memento mori», encuentras la comprensión y la paciencia necesarias para calmar a tus hijos y mantener la armonía en el automóvil y disfrutar del viaje en plenitud, como si fuera el último.

Este simple recordatorio de nuestra mortalidad puede ser un faro que guía nuestras acciones y actitudes en cualquier situación. Nos ayuda a recordar lo efímera que es la vida y cómo nuestras reacciones ante las adversidades y ante las celebraciones pueden dar forma a nuestras experiencias y relaciones. Al aplicar este antiguo principio, no solo transformamos nuestras situaciones de vida, sino que también creamos un ambiente más sereno, amoroso y comprensivo para todos nosotros.

En última instancia, la lección de Marco Aurelio es atemporal. Mantener nuestro ego a raya y recordar la fragilidad de la vida, puede llevarnos a vivir con más compasión, paciencia y gratitud en cada uno de nuestros preciosos momentos juntos. Es un recordatorio de que, al final, lo que realmente importa no son las victorias efímeras ni los logros mundanos, sino el amor y la conexión que compartimos en este viaje fugaz, y mágicamente consciente, que hemos convenido en denominar «vida».

Al considerar nuestra finitud, nos damos cuenta de la importancia de vivir plenamente el presente. Nos ayuda a dejar de postergar nuestras metas y sueños, a apreciar las pequeñas cosas de la vida y a valorar cada experiencia como un regalo. Nos impulsa a ser conscientes de que no hay tiempo que perder y a vivir con mayor intención y propósito.

La reflexión sobre la mortalidad también nos ayuda a poner en perspectiva nuestras preocupaciones y ansiedades cotidianas. Nos recuerda que la mayoría de los problemas a los que nos enfrentamos en nuestra vida son temporales y relativamente insignificantes en comparación con la magnitud de la existencia. Nos ayuda a desarrollar una mayor resiliencia y a no aferrarnos a las dificultades y contratiempos, sino a buscar soluciones y a tratar de aprender continuamente.

Además, la contemplación de la mortalidad puede profundizar nuestras relaciones y fomentar un mayor sentido de conexión con los demás. Al reconocer la fragilidad y la brevedad de la vida, apreciamos más la compañía y el apoyo de nuestros seres amados. Nos impulsa a expresar nuestro amor y nuestra gratitud, a perdonar y a buscar la reconciliación honesta, sabiendo que el tiempo es valioso y que nunca sabemos cuál será ese último encuentro en el que disfrutemos juntos de total lucidez.

La reflexión sobre la mortalidad también nos invita a vivir una vida más auténtica y coherente con nuestros valores. Nos hace cuestionarnos sobre qué es lo realmente importante en nuestra existencia y nos ayuda a deshacernos de las trivialidades y las expectativas externas que pueden distraernos de lo esencial. Nos anima a vivir de acuerdo con nuestros principios y a buscar incesantemente un propósito más elevado, que trascienda nuestra propia vida.

En última instancia, la reflexión sobre la mortalidad nos ayuda a abrazar la vida en su totalidad, con todas sus alegrías y tristezas, y a vivir con gratitud y aceptación. Nos recuerda que la muerte es una parte natural de la experiencia humana y que, al enfrentarnos a ella con valentía y serenidad, podemos vivir de manera más plena y auténtica. Nos libera del temor paralizante a morir y nos invita a abrazar cada momento como una oportunidad para crecer, amar y ser conscientes de nuestra propia existencia.

Aceptar la impermanencia:

La vida está llena de cambios y transiciones. Aprender a vivir implica aceptar la impermanencia y adaptarnos a las distintas etapas y situaciones que se presentan en nuestro camino. Esto nos permite fluir con mayor facilidad y disfrutar de cada experiencia.

La aceptación de la impermanencia es un concepto central en muchas tradiciones espirituales y filosóficas, y puede ser una fuente de sabiduría y paz interior. Aquí te presento algunas reflexiones profundas sobre cómo abrazar la impermanencia con facilidad:

Fluir con el cambio: la impermanencia nos recuerda que todo en la vida está en constante transformación. Nada permanece igual, todo cambia. En lugar de resistirnos o apegarnos a lo que ya no es, podemos aprender a fluir con el cambio y adaptarnos a las circunstancias de la vida. Al aceptar que todo es impermanente, encontramos mayor flexibilidad y nos volvemos más capaces de enfrentarnos a los desafíos con mayor apertura.

Apreciar la belleza efímera: la impermanencia nos enseña a apreciar la belleza de los momentos fugaces. Al ser conscientes de que todo es transitorio, aprendemos a valorar cada experiencia, cada encuentro y cada instante. La flor que aparece solo en primavera o el atardecer que desaparece en la oscuridad de la noche te recuerdan con su efimeridad la importancia de saborear cada instante plenamente.

<u>Liberación de apegos:</u> la impermanencia nos invita a soltar nuestros apegos y a no aferrarnos a las cosas ni a las personas. Reconocer que todo es impermanente nos libera del sufrimiento causado por la resistencia al cambio o a la pérdida. A medida que desarrollamos una mentalidad desapegada, experimentamos una mayor libertad y serenidad, permitiendo que la vida fluya sin obstáculos.

<u>Vivir con autenticidad:</u> al aceptar la impermanencia, nos damos permiso para ser auténticos y vivir de acuerdo con nuestros verdaderos deseos y valores. Nos damos cuenta de que el tiempo es limitado y de que no hay razón para vivir una vida que no nos satisfaga. Nos anima a tomar decisiones valientes, a seguir nuestros sueños y a cultivar relaciones significativas, sabiendo que la oportunidad de hacerlo no dura para siempre.

<u>Cultivar la gratitud:</u> la impermanencia nos enseña a valorar lo que tenemos en el momento presente, a practicar la gratitud por cada experiencia y por las personas que nos rodean. Al reconocer que todo puede desaparecer en cualquier momento, aprendemos a apreciar la bondad y la belleza que están presentes en nuestra vida. Cultivar la gratitud nos conecta con la abundancia del presente y nos ayuda a encontrar alegría, incluso, en medio de la impermanencia.

Aprender a ver tu continuación tras el proceso de morir:

Aunque te cueste mucho verlo o comprenderlo, quizás, aceptarlo, tu cuerpo trasciende su apariencia física para convertirse en un vehículo de continuidad.

Eres mucho más que piel y huesos, eres un reflejo del pasado, del linaje y de las generaciones que te precedieron. Aprender a ver, sentir y vivir, creyendo en esta continuidad, es un verdadero acto de sabiduría.

Al observar tu cuerpo en profundidad, puedes llegar a reconocer la huella de aquellas personas que te dieron la vida hace tantos años.

Cada célula de tu cuerpo y cada latido de tu corazón te conecta directamente con una cadena interminable de seres humanos que habitaron este planeta antes que tú.

Te has convertido en portadora de su sabiduría, de sus sueños y de sus experiencias. Y en cada paso que des, dejarás una estela que trascenderá el momento presente a través de las personas que la vean y se queden en el planeta después de ti.

Sentir tu cuerpo de verdad es sentir la energía vital que fluye en ti. Es percibir la interconexión en el Universo, sabiendo que tus acciones e intenciones reverberan en el tejido de la existencia.

Cada respiración que das, te vincula con el aliento de todos los seres y con toda la naturaleza.

Vivir creyendo en la continuidad del cuerpo implica reconocer que somos un eslabón en la cadena de la vida. Tus elecciones y tus acciones, te guste o no, tendrán un impacto en las generaciones futuras, no lo dudes.

Cultivar la compasión, la solidaridad y el amor incondicional es sembrar semillas de armonía y paz para las personas que vendrán después de ti.

Puedes abrazar la plenitud de tu cuerpo si honras la conexión que tienes con todos tus ancestros y con las generaciones venideras. En cada gesto que hagas y en cada palabra que digas, recuerda que eres la depositaria de una herencia sagrada. Aprende a ver, sentir y vivir en la certeza de que eres parte de algo más grande, una danza eterna de trascendencia.

Después del proceso de morir, no desaparecemos por completo, sino que nuestra existencia continúa presente de múltiples formas. Tu cuerpo físico es solo una manifestación temporal y limitada de tu ser.

Cuando mueres, tu cuerpo físico se descompone y se convierte en elementos básicos que regresan a la tierra. Sin embargo, toda tu energía vital y tu conciencia no se extinguen, continúan en un proceso de transformación y *renacimiento*, donde se entrelazan con las otras formas de vida que nos preceden.

La continuidad de tu esencia se ve claramente evidenciada en que tus acciones, tus pensamientos e, incluso, tus emociones dejan una impresión en el mundo. Y estas huellas perduran en los corazones de aquellas personas con las que te has relacionado.

Y es que la noción de un «yo individual» no tiene ningún sentido sin la interdependencia de toda la naturaleza. «Yo» no existe sin agua, oxígeno, nutrientes, antepasados… Tu existencia está ligada a la de toda la naturaleza que te rodea y a la de todos tus antepasados, y tus acciones tienen un impacto en ese tejido interconectado de la vida, también con tus predecesores.

En resumen, tú no te limitas a tu cuerpo físico, sino que representas la continuidad de nuestra energía, nuestra conciencia y de las huellas que dejamos todos los que te precedimos en el mundo. Trascendemos al proceso de morir a través de la interconexión, dejando nuestro sello en la danza eterna de la existencia.

Trascender el miedo a morir:

Entender que el proceso de morir es parte natural del ciclo de la vida nos ayuda a trascender ese miedo natural que puede limitar nuestra vida. Al enfrentarte al gran tema tabú de morir con valentía y aceptación, podrás vivir de manera más plena y auténtica, aprovechando al máximo cada oportunidad que se te presente.

Saber que la vida tiene un fin nos impulsa a valorar el tiempo que tenemos y a priorizar lo que realmente es importante. Aprender a vivir implica nutrir nuestras relaciones, cultivar conexiones significativas y compartir momentos de amor y alegría con aquellos que nos rodean.

La reflexión sobre el proceso de morir nos lleva a cuestionarnos sobre el propósito de nuestra existencia. Aprender a vivir implica descubrir y cultivar un propósito que nos llene de significado y nos motive a vivir de acuerdo con nuestros valores más profundos.

Morir, parte inevitable de la vida: morir es una parte intrínseca y natural del ciclo de la existencia. Así como nacemos, también llegará el momento en que dejemos de vivir. Aceptar este hecho nos permite vivir con mayor plenitud y apreciar cada instante.

Morir da significado a la vida: la conciencia de nuestra propia mortalidad nos impulsa a valorar y aprovechar el tiempo que tenemos. Saber que nuestra existencia es limitada nos motiva a buscar un propósito, a amar y a crear vínculos significativos. Creer que nos vamos a morir nos recuerda la importancia de vivir una vida auténtica y significativa.

Morir nos iguala a todos: la muerte no hace distinciones entre ricos o pobres, poderosos o humildes. Es un recordatorio de nuestra igualdad fundamental como seres humanos. Reconocer esto nos ayuda a trascender las divisiones y a valorar la dignidad inherente de cada individuo.

Morir nos enseña a vivir en el presente: el reconocimiento de la fugacidad de la vida nos impulsa a vivir plenamente en el momento presente. Nos invita a saborear las pequeñas alegrías, a cultivar relaciones significativas y a ser conscientes de la belleza que nos rodea. La muerte nos motiva a no postergar lo importante y a aprovechar cada día como un regalo.

La muerte no es el fin: aunque el cuerpo físico llegue a su fin, existe un misterio más allá de la muerte. Diversas tradiciones espirituales y filosóficas plantean la idea de la continuidad del espíritu o de la energía vital. Cultivar una conexión con lo trascendental nos ayuda a abrazar la muerte como parte de un viaje más amplio.

Morir nos libera del sufrimiento: morir puede ser visto como una liberación del sufrimiento y de las limitaciones de la existencia terrenal. Al abrazar esta perspectiva, podemos encontrar consuelo y serenidad frente a nuestros propios temores y al dolor de perder a nuestros seres queridos. La muerte puede ser un tránsito hacia una realidad más allá del sufrimiento.

La muerte nos recuerda la importancia del amor: ante la certeza de la muerte, el amor emerge como la fuerza más poderosa y significativa en nuestras vidas. Amar y ser amado trasciende el tiempo y perdura más allá de la muerte física. El amor nos brinda consuelo y nos conecta con la eternidad en medio de la impermanencia.

La muerte es parte de la vida: así como el amanecer sigue a la noche, la muerte es el siguiente paso después de la vida. Es un ciclo natural del cual formamos parte.

Todos compartimos el mismo destino: desde el principio de los tiempos, cada ser humano se ha terminado enfrentando a su muerte. No estás solo en este viaje, todos compartimos el mismo destino.

Vivir el presente: el miedo a la muerte, a menudo, surge de preocuparnos por el futuro. Pero, al centrarnos en el presente, podemos encontrar la serenidad. Disfrutar de lo que tenemos ahora, nos ayuda a dejar de lado el miedo al futuro.

El legado perdura: aunque dejemos este mundo físico, nuestro legado y el recuerdo siguen viviendo en aquellas personas que nos aman. Nuestras acciones y el impacto que dejamos en los demás pueden perdurar mucho más allá de nuestra propia vida.

La muerte nos enseña a apreciar la vida: la conciencia de nuestra propia mortalidad nos ayuda a valorar la vida en su totalidad. Cada día se vuelve más valioso y significativo y aprendemos a aprovecharlo al máximo.

La muerte nos libera de los miedos mundanos: la muerte nos libera de los temores cotidianos y triviales. Al vislumbrar con lucidez nuestra mortalidad, podemos encontrar el coraje para vivir con autenticidad y perseguir nuestros sueños sin miedo al fracaso.

El amor trasciende la muerte: el amor es una fuerza poderosa que no se limita al tiempo o al espacio. El amor que compartimos con nuestros seres queridos nos conecta más allá de la muerte física y ese vínculo perdura en nuestros corazones.

La muerte nos enseña a dejar ir: aceptar la impermanencia de la vida nos permite soltar apegos innecesarios y abrazar la fluidez de todo lo que nos rodea. Al aprender a soltar, encontramos una mayor libertad y paz interior.

La muerte nos invita a vivir plenamente: el conocimiento de que la vida tiene un final nos impulsa a no posponer nuestros sueños y deseos. Nos motiva a vivir cada día con pasión y propósito, sin desperdiciar nuestro tiempo en cosas triviales.

La muerte nos despierta la belleza de la existencia: al saber que tendremos que enfrentarnos a la muerte tarde o temprano, nos damos cuenta de la maravilla que es estar vivos. Cada respiración, cada latido y cada experiencia se convierte en un regalo precioso que podemos saborear y apreciar.

¿Y si tu conciencia estuviera deslocalizada?

Diversas investigaciones científicas en el campo de la conciencia han conducido a interesantes descubrimientos que plantean interrogantes sobre la naturaleza de nuestra mente y su relación con la muerte.

El Dr. Raymond Moody y el Dr. Kenneth Ring son dos destacados investigadores que han realizado estudios significativos en el campo de las experiencias cercanas a la muerte (ECM) y la vida después de la muerte.

El Dr. Raymond Moody es un psicólogo y médico, que se hizo conocido por su libro *Vida después de la vida*. En este libro, Moody recopiló numerosos testimonios de personas que habían experimentado una ECM y describieron fenómenos como la sensación de salir del cuerpo, el túnel de luz y encuentros con seres fallecidos. A través de sus investigaciones, Moody popularizó el término «experiencia cercana a la muerte» y exploró la posibilidad de una vida después de la muerte.

El Dr. Kenneth Ring es un psicólogo y profesor emérito de la Universidad de Connecticut. Es conocido por su trabajo en las ECM y por su libro *La experiencia cercana a la muerte: evidencia científica y experiencias personales*. Ring realizó estudios en los que entrevistó a personas que habían tenido una ECM y encontró similitudes en sus relatos, como la sensación de paz y amor, la revisión de la vida y la percepción de una realidad más allá de la física.

Ambos investigadores llegaron a conclusiones similares en sus estudios. A través de sus investigaciones y entrevistas con personas que habían tenido experiencias cercanas a la muerte, Moody y Ring encontraron patrones comunes en los relatos, como la sensación de paz, la percepción de una realidad más allá de la experiencia física y la creencia en una «vida» después de la muerte. Estas conclusiones han contribuido a abrir el diálogo sobre la muerte y la posibilidad de una existencia más allá de la vida terrenal.

Otro de los investigadores destacados en este ámbito es el cardiólogo holandés Pim Van Lommel, quien ha estudiado experiencias cercanas a la muerte (ECM) en pacientes que han sido reanimados después de haber estado clínicamente muertos. A través de sus investigaciones, el Dr. Van Lommel ha encontrado evidencias de que la conciencia puede existir, incluso, cuando el cerebro no muestra actividad.

En las investigaciones de Pim Van Lommel sobre las experiencias cercanas a la muerte (ECM), se han observado diversas curiosidades que han despertado un gran interés en la comunidad científica. Algunas de ellas incluyen:

1. Consciencia durante una parada cardiaca: en varios casos estudiados, los pacientes reportaron haber tenido experiencias conscientes mientras su corazón estaba detenido y no mostraba actividad eléctrica. Estos relatos desafían la

creencia tradicional de que la conciencia está directamente relacionada con la actividad cerebral.

2. Experiencias fuera del cuerpo: varios pacientes que experimentaron una ECM describieron haber tenido la sensación de salir de su cuerpo físico y observar su entorno desde una perspectiva diferente. Algunos, incluso, fueron capaces de relatar detalles precisos sobre lo que ocurrió durante la reanimación, a pesar de estar clínicamente muertos en ese momento.

3. Percepción extrasensorial: en algunas ECM, los pacientes informaron haber tenido experiencias extrasensoriales, como la capacidad de ver y escuchar cosas que estaban ocurriendo en otros lugares, incluso, cuando su cuerpo físico estaba inconsciente.

4. Vivencias transformadoras: varios individuos que han experimentado una ECM han descrito un profundo cambio en sus valores y prioridades después del evento. Muchos experimentan una mayor apreciación por la vida, un sentido renovado de propósito y una disminución del miedo a morir.

Estas curiosidades desafían las concepciones convencionales sobre la relación entre el cerebro, la conciencia y la muerte. Sugieren la posibilidad de que la conciencia sea independiente del funcionamiento cerebral y que pueda trascender la experiencia física de la vida y la muerte.

Todos estos hallazgos se alinean con los estudios del neuropsiquiatra británico Peter Fenwick, quien ha explorado la relación entre la conciencia y el cerebro. Fenwick sugiere que la conciencia podría ser una entidad separada del cerebro y que su existencia no se limita a la vida terrenal. Según su investigación, la conciencia podría ser una entidad unitaria y deslocalizada.

Los estudios de Peter Fenwick han proporcionado información valiosa sobre los aspectos científicos y espirituales de la muerte. Algunos de sus hallazgos más destacados son:

Experiencias cercanas a la muerte (ECM): Fenwick ha investigado numerosos casos de personas que han tenido ECM y ha encontrado similitudes en sus experiencias. Muchos informan haber sentido una sensación de paz y amor, haber visto una luz brillante o haber tenido encuentros con seres espirituales. Estas experiencias sugieren que la conciencia puede trascender el cuerpo físico.

La transición de la muerte: Fenwick ha estudiado la fase de transición entre la vida y la muerte, y ha encontrado evidencias de que la conciencia puede continuar existiendo después de la muerte clínica. Algunos pacientes han informado haber experimentado una sensación de flotar fuera de su cuerpo y observar lo que sucedía a su alrededor.

Vínculos entre la mente y el cerebro: Fenwick ha explorado la relación entre la mente y el cerebro, y ha propuesto que la mente puede existir independientemente del cerebro. Sus investigaciones sugieren que la conciencia no es, simplemente, un producto de la actividad cerebral, sino que puede tener una naturaleza más allá de lo material.

Experiencias espirituales y transformadoras: Fenwick ha descubierto que muchas personas que han tenido experiencias cercanas a la muerte, o están cerca de la muerte, experimentan cambios profundos en sus valores y perspectivas de vida. Estas experiencias, a menudo, llevan a una mayor apreciación de la vida, una mayor conexión con los demás y una disminución del miedo a la muerte.

Estos son solo algunos ejemplos de los hallazgos y las áreas de investigación de Peter Fenwick. Sus estudios han contribuido significativamente a nuestra comprensión de la conciencia y la muerte, y han abierto nuevas perspectivas sobre la existencia humana y la relación entre lo material y lo espiritual.

Además de todos ellos, tenemos las investigaciones de la primera persona en adentrarse en este mundo incierto, la psiquiatra suizo-estadounidense, Elisabeth Kübler-Ross. Sus estudios, escritos y reflexiones sobre las experiencias cercanas a la muerte han proporcionado una visión más amplia sobre la transición entre la vida y la muerte.

La Dra. Kübler-Ross describió las diferentes etapas que las personas atravesamos al acercarnos a la muerte, como la negación, la ira, la negociación, la depresión y la aceptación. Estas etapas sugieren que la muerte no es el final definitivo, sino más bien una transformación hacia un estado diferente de existencia.

Uno de los principales aprendizajes de la Dra. Kübler-Ross fue la identificación de las cinco etapas del proceso de afrontamiento de la muerte. Estas etapas, mencionadas anteriormente, representan las respuestas emocionales y psicológicas comunes que muchas personas experimentan cuando se enfrentan a su propia muerte o a la pérdida de un ser querido.

- La primera etapa es la negación, donde la persona se muestra incapaz de aceptar la realidad de la muerte y puede negar o minimizar su gravedad.
- Luego sigue la etapa de la ira, en la cual la persona puede sentir frustración, resentimiento o enojo ante la situación a la que debe enfrentarse.

- La etapa de la negociación implica intentar llegar a acuerdos o hacer promesas con el fin de prolongar la vida o evitar la muerte.
- La depresión es otra etapa importante, donde la persona puede sentir tristeza, desesperanza y pérdida de interés en las actividades diarias.
- Por último, está la etapa de aceptación, en la que la persona logra una mayor paz y aceptación de la realidad de la muerte.

Además, la Dra. Kübler-Ross hizo hincapié en la importancia de escuchar y brindar apoyo emocional a las personas que se enfrentan a la muerte. Reconoció la necesidad de permitir que las personas expresen sus emociones, temores y preocupaciones, y destacó la importancia de la empatía y la comprensión en el proceso de acompañamiento.

Sin duda, todos estos estudios científicos y sus conclusiones desafían nuestras concepciones tradicionales sobre la conciencia y la muerte, y plantean preguntas fascinantes sobre la naturaleza real de la existencia humana.

Considerar la posibilidad de que la conciencia esté deslocalizada y que nuestro cuerpo sea solo «un abrigo» del que nos despojamos al morir, puede tener varios beneficios mentales y emocionales:

1. **Tranquilidad ante la muerte**: si creemos que nuestra conciencia continúa existiendo después de la muerte y que nuestra experiencia en este mundo es solo una parte de nuestro viaje espiritual, podremos enfrentarnos a la muerte con mayor tranquilidad. Tendremos la sensación de que hay algo más allá de nuestra existencia física y que la muerte no marca el final absoluto.

2. **Sentido de trascendencia:** la idea de que nuestra conciencia es eterna y trasciende la muerte nos brinda un sentido de continuidad y propósito en nuestra vida. Nos ayuda a pensar que nuestras acciones y experiencias tienen un significado más profundo y que forman parte de un proceso evolutivo mayor.

3. **Liberación del miedo a morir:** al pensar que la muerte es solo una transición y no el fin de nuestra existencia, podemos liberarnos del miedo y la ansiedad asociados a ella. Esto nos permite vivir de manera más plena y auténtica, sin preocuparnos constantemente por ese *final* inevitable.

4. **Valoración de la experiencia presente:** al reconocer que nuestra existencia física es temporal y limitada, aprendemos a apreciar y a valorar cada momento presente. Nos volvemos más conscientes de la belleza y la importancia de las relaciones, las experiencias y los aprendizajes que adquirimos en la vida.

5. **Aceptación de la impermanencia:** al comprender que todo en este mundo es impermanente, incluyendo nuestro cuerpo, podemos desarrollar una actitud de aceptación y fluidez ante los cambios y las pérdidas. Apreciamos cada etapa de la vida y nos adaptamos más fácilmente a las transiciones y transformaciones a las que, nos guste o no, nos vamos a tener que ir enfrentando y aceptando.

Estos beneficios mentales nos ayudan a vivir de manera más plena y en armonía con nosotros mismos y con el mundo que nos rodea. Y nos permiten abrazar la experiencia humana con sabiduría y aceptación, aprovechando al máximo nuestro tiempo en este plano de existencia.

«Memento mori».

Epílogo

Con cada página de este libro he pretendido tejer un puente entre el pasado y el futuro, entre el misterio y la claridad.

A medida que crezcas y explores los senderos de este libro, que ha sido forjado con amor y anhelo por tu bienestar, espero que encuentres en él un faro de reflexión y entendimiento en tu camino.

La vida es un río en constante fluir, un viaje en el que las aguas del tiempo nos llevan hacia lugares desconocidos y, a veces, nos sumergen en las profundidades del alma. Para entonces, conviene tener desarrollados los recursos necesarios para poder salir nadando hasta la superficie, con esperanzas renovadas y habiendo aprovechado la inmersión para sanar las heridas emocionales del pasado.

Al repensar las ideas que en este libro comparto, te invito a abrazar la maravilla de lo desconocido y a mirar con curiosidad los enigmas que la conciencia y la existencia han depositado en ti.

La serenidad, que proviene de la noción de que nuestra conciencia puede trascender los límites físicos y que la muerte puede ser una transición, es un poderoso regalo que puede llegar a aliviarte en momentos de duelo, ausencia, incertidumbre o desesperación.

Nunca temas por el final de un capítulo, pues en cada despedida siempre yace el germen de un nuevo comienzo.

Vive siempre con el corazón rebosante, sueña con todas tus fuerzas y danza alocada al ritmo que te vaya marcando la vida, sin dejar que la sombra de la ausencia empañe por mucho tiempo la belleza que siempre contiene el presente.

La vida es un tesoro efímero, fugaz, que debes aprender a acariciar con la mayor gratitud y reverencia. Si aprendes a aceptar la impermanencia, llegarás a poder transformar cualquier pérdida en una enorme oportunidad de crecimiento.

Al final, todos los beneficios mentales, que he tratado de sintetizar en este libro, espero que se entrelacen, tejiendo un camino hacia tu plenitud y tu sabiduría. Deseo que en tu apasionante viaje por la existencia, este libro sea un compañero que te recuerde que estás hecha del polvo de las estrellas y de los sueños de tus antepasados. Que nuestra conciencia puede ser una y eterna, y que en cada paso que das, dejas una preciosa estela para tu descendencia en el lienzo de la realidad.